Digital Darwinism

Survival of the fittest in the age of business disruption

商业达尔文主义

数字时代的适者生存法则

[英] 汤姆·古德温（Tom Goodwin） 著

王玉 译

電子工業出版社

Publishing House of Electronics Industry

北京•BEIJING

图书在版编目（CIP）数据

商业达尔文主义：数字时代的适者生存法则 /（英）汤姆·古德温（Tom Goodwin）著；王玉译 .— 北京：
电子工业出版社，2020.1
书名原文：Digital Darwinism: Survival of the Fittest in the age of Business Disruption
ISBN 978-7-121-36991-9

Ⅰ. ①商…　Ⅱ. ①汤… ②王…　Ⅲ. ①企业管理—通俗读物　Ⅳ. ① F272-49

中国版本图书馆 CIP 数据核字（2019）第 133077 号

策划编辑：张振宇
责任编辑：张振宇
印　　刷：天津嘉恒印务有限公司
装　　订：天津嘉恒印务有限公司
出版发行：电子工业出版社
　　　　　北京市海淀区万寿路 173 信箱　　　邮编：100036
开　　本：700×1000　1/16　　印张：16.25　　字数：298 千字
版　　次：2020 年 1 月第 1 版
印　　次：2021 年 1 月第 2 次印刷
定　　价：68.00 元

凡所购买电子工业出版社图书有缺损问题，请向购买书店调换。若书店售缺，请与本社发行部联系，联系及邮购电话：（010）88254888，88258888。
质量投诉请发邮件至 zlts@phei.com.cn，盗版侵权举报请发邮件至 dbqq@phei.com.cn。
本书咨询联系方式：（010）88254210，influence@phei.com.cn，微信号：yingxianglibook。

推　荐

对于颠覆性未来的一次引人入胜的探索。

——迪伦·琼斯，*GQ* 的主编

此书最终回答了困扰我许久的有关创新的问题——不仅包括为什么大部分大公司都普遍在创新方面做得很差。这是一本少有的、值得读两遍的书。

——罗里·萨瑟兰，英国奥美集团副董事、TED 演讲者

在一片呼吁立即进行数字革命的嘈杂声中，能够听到一个声音为你的企业提出一条更加细致和平衡的道路，是多么让人安心。有一个作者能够除掉数字化转型的杂草，并为你的公司提供朴素又可行的建议和解决方案，是多么令人耳目一新。

数字世界充满了一系列阻碍前进的术语和缩写。古德温则穿过这些官样文章，为企业转型提供了实实在在、可行的建议。《商业达尔文主义》再一次确保，让你的企业未来化并不是说你需要成为下一个优步或者亚马逊之流。在本书的诸多金块中，最有价值的外卖

品就是改变必须发生在企业的核心，而不是边缘外置。要对你的企业进行数字化转型？首先改变你对“改变”的认知。

——亚当·纳伊伯格，阿里巴巴数字媒体总监、
《华尔街日报亚洲版》前数字编辑

在《商业达尔文主义》一书中，古德温向我们展现了一幅令人深思的数字智慧之布，提供了诸多聪明且有说明性的例子，涵盖了过去、现在和将来。这是一幅收纳了整个数字景观的伟大地图，并闪烁着诸多可操作的宝贵见解。

——斯蒂芬·奥兰德，耐克公司全球数字运动前副总裁

过去的集装箱和思维模式不能适应未来。此书旨在劝说、激励和指导你来重新思考你的企业。社会、商业和生活正由处在革命性阶段的数字进化所颠覆，即数字达尔文主义。此书为企业在新环境中崛起提供了可行之路。

——里沙德·托巴科瓦，转型专家、演讲者和作家、
阳狮集团首席增长官和管理委员会成员

古德温所传达的正如他在前言中所承诺的：本书让人特别恼火，同时又异常振奋人心。它充满热情地呼唤公司决策时能更理性，而书中提供的例子则证明公司对数字化时代知之甚少。古德温公正地质疑了公司为了克服数字时代的颠覆性和模糊性所做的尝试，因为它们要么是想制订“更好的计划”，要么是想对商业模型和战略进行微调，而这些模型和战略则是在过去的稳定性、直线性和预见性时期形成的。他提醒我们，应对公司环境剧变的唯一答案是灵活回应；

创业精神意味着将机遇最大化、越过障碍，而不是将风险最小化。一本姗姗来迟的书。

——乌韦·埃林豪斯，凯迪拉克前全球首席营销官

《商业达尔文主义》不管是对传统品牌还是对野心勃勃的新兴企业来说，都是一本必读书。它用清晰的战略来武装企业领导者，帮助他们在颠覆中航行、解锁增长点以及为未来做好准备。汤姆·古德温是一个勇敢又充满挑衅的思想家，他带来了全新的态度和必需的提醒，即你只有转变思维方式才能在今天的全球化数字经济中获胜。

——斯蒂芬·拉尔森，拉尔夫·劳伦前总裁

考虑到科技改变的步伐，汤姆·古德温看到了经济组织所面临的达尔文式的生存之战。这是大家都熟悉的，但让人耳目一新的是他的同理心在战斗中至关重要的理念，即那些以人为本的企业是最有可能在这场混乱中获胜的。

——马克·琼斯，《世界经济论坛议程》责任编辑、路透社新闻全球社区编辑和网络新闻前全球编辑

汤姆·古德温展示了达尔文主义者取得成功靠的不是冷血无情，而且学习如何与他人友好协作。

——道格拉斯·洛西科夫，《理解增长》的作者

古德温是正确的未来主义者：内心精通历史却能意识到创新不会发生在真空中。语境是王者，在这本结构清晰的书中有很多这样的语境。

——保罗·肯普-罗伯逊，Contagious 的联合创始人

如果你想知道，你和你的企业能否以及如何在今天颠覆性的环境中生存和成长，那么，这就是你该读的那本书。这本书写得很漂亮。它对颠覆时代进行了充满信息和远见的描述，表达了我们的思维方式进行范式飞跃的必要性，并对企业的生存和成长提供了可行性的指导意见。享受阅读此书，学习其中包含的内容，并将其应用到自己的企业中。

——杰里·温德，宾夕法尼亚大学
沃顿商学院市场营销系荣誉教授

今天“颠覆”和“创新”到处都是，我们已经变得麻木并迷失在信息的海洋中。未来就在眼前，但是却没有得到对等的理解。在《商业达尔文主义》一书中，汤姆·古德温将热情、同理心和胆量独特地结合起来，在未来打倒我们的同时让我们对它有了一个对等的理解。

——约翰·温瑟，Open Assembly 的创始人和总裁
在市场、媒体和创新产业之间建立平台的思想家、顾问和企业家

致　谢

我想感谢我的家人和朋友，他们原谅了我在过去一年里的糟糕表现。脑子里装着一本书其实就像脑袋怀孕了一样，而这本书在我脑袋里孕育了太长时间，以至于我整个人都变得自私、暴躁，并常常沉浸在自己的世界里。

我也想对因激励社会媒体而收到的反馈说声“谢谢”。这些激励引发了很多讨论，我从中获益良多。

我还要感谢我的父母，因为他们一直无条件地相信我，从不给我施加压力。他们让我成为一个虽然有些令人讨厌却高度专注的人，并让我相信要用好的方式挑战所有的人和事，让我相信倾听永远比倾诉更重要。我要感谢 Shann Biglione、Nick Childs 和 Adi Kurian，他们在我写作此书的关键时期给予了很多好的建议。

最后，我尤其要特别感谢的是 Adriana Stan，她从第一天就相信我，而那个时候我自己都不相信自己。她发现了我的天赋并进行了正确引导，从几年前就鼓励和支持我，今天我在写作和演讲上取得的几乎所有成功的背后，都有她以各种形式存在的影子。

前 言

欢迎阅读我的第一本书。

我从未想过自己会写下这句话，因为我太不像一个作家了。以前，我从来没想过要成为什么思想领袖，也从未想过会在公开场合发言。这些话从我的指尖流淌出来并不是因为什么浪漫的使命，也不是因为什么崇高的目标，更不是因为什么已定好却尚未完成的人生目标清单，而是因为我在乎。写这本书并非我本意，但是有一种力量驱使着我完成了它。这种力量是一种迫使我们去获得外部思想的强烈需求，去引发一场辩论的强烈需求，去探索出一条新的道路来整合观点和一种新的方式来看待世界变化的强烈需求。

尽管在过去的两年里，我已经发表了 250 篇文章，但是写这本书依然是迄今为止我做过的最难的事情。我很少让别人付出 30 分钟以上的注意力，所以，一想到要让你们保持几小时的兴趣来读完这本书，我就觉得压力很大。我猜最好的作家一定会常常换位思考，所以才能经得住自我怀疑的折磨。我是否准备充分？这些观点是否新颖又深刻？内容是否既有趣又有价值？我是否平衡好了天真与自信、知识与新奇，从而能够从多个视角来发问？因为感情投入太深，以至于我不断问自己是顾及太多还是不够全面，是客观批判还是太过平淡。此书不是用来宣泄情感的，而是用来启发他人的。

最重要的是，我最开始考虑的是，这本书是应该包含所有的新思想，还是我应该从中挑选出那些最有争议、最有趣、大家最容易接受的观点，然后把它们联系起来编织成一种新的理论？最后，这本书是一个混合体。我把我想说的话都列了出来，全方位阐述了如何在不稳定时期最好地为企业提供帮助，同时提取我效果最好的部分成果作为点缀。这本书是一次新的旅程，路上不时触及一些熟悉的领域。我希望这样会让大家感到安心，而不是重复。

为了保证您能够跟随这段旅程，我已竭尽所能让它结构清晰明了。这本书有三个主题，涵盖了过去、现在和将来。每个主题又分为 3 章，囊括了不同的经验教训、观点、理论和视角。除这 9 章以外，专门拿出一章来介绍我自己摸索出来的一些观点，从而为大家理解此书提供一个平台；同时，最后一章会聚焦已经讨论的内容，供您在大步前行时参考使用。

快速变化的世界

我相信，经历过农业革命的人一定会歌颂那些“快速前进的时代”。而参观过纽约 20 世纪初期第一批崛起的摩天大楼的那些人，则会毋庸置疑地感受到生活是那么不可思议，是那么令人振奋。但是，此刻才让人感觉到是有生以来最伟大的时代。我们现在身处这样一个时代：变化正在横扫周遭世界的很多方面。在这个时代，太多令人难以置信的事情正在快速变为现实；在这个时代，世界人口的寿命、健康和财富以我们预想不到的速度快速增长；在这个时代，推动人类进入新纪元的电池、太阳能和其他基础元素的费用快速下跌，甚至超出了人们曾经最乐观的预测。这是乐观主义越来越普及、兴奋越来越明显的时代。在这样一个时代，每个产业都应该焕发生机、充满能量、饱受鼓舞，然而，现实却天壤之别。

我们看到虚假新闻甚嚣尘上，看到工人被优步、机器人和零时合约所威胁。我们看到企业以惊人的速度宣布破产，看到充满希望和毫无希望的企业合并重组。无数的专栏文章恐惧人工智能带来的改变，并不断传播这种恐惧；人们讨论向机器人征税。我们探索那些看起来与之前不同的挑战，发现这些挑战更普遍、更巨大、更有现实意义。人工智能正在威胁要取代“我们这样的人”。从越来越严重的财富分配不均，到越来越多的极端主义，我们可以感受到这个世界在变化的驱动下不断分化。

感觉这个星球正卡在门槛上：富足和健康不断接近却突然与绝望碰撞；当世界正要自信地看向未来时，很多西方国家却不安地陷入了怀旧，沉溺在过去的舒适之中；乐观和恐慌的矛盾无处不在；网络理应消除无知、传播包容和同情，但是却成了助长极端主义的武器。全球化真的是一件好事吗？移民真的有助于多样化吗？自由真的在增长吗？谷歌、苹果、脸书和亚马逊（GAFA）真的已经力量强大和发展到超出政府的控制范畴了吗？

达成共识

这么多宽泛的问题，结合互联网对教育背景的不设限，应该会引发激烈的讨论。但是，我至今没有看到这种现象。

我看到有很多方面达成了暂时性的共识。我写此书的激情其实来自于深深的挫败感。我深切地感受到我们在很多公开的商业场合的发言完全是胡说八道，而且今天的很多文章不过是集体思维的产物。我深切地感受到好的问题能导向更好的工作和更有意义的进步。我为交流中的言之无物感到挫败，我为言之有物的演讲之匮乏感到挫败。当事情变得混乱时，大部分人敏感地觉得他们了解这个世界，从而盲目地接受那些看起来说得通的理由而不再挑战。我希望能多一些苏格拉底式的辩论，少一些想都不想和机械的转发。

当我阅读关于商业、市场学、广告和技术类的书籍时，我常常感到很失望，因为我发现很多书中缺少对重大问题的真正探讨，只是充满了老生常谈和学术类的思考。在这本书中，我会变得刨根问底和具有颠覆性，因为我会质疑那些比我更聪明、更有经验、更博学的人。希望我能挑战到你，我会让你问出深刻的、实际存在的甚至是天真的问题。有些问题人们不问是因为他们知道太难了，如果你问他们这些问题的话会显得既愚蠢又无礼。但是我一直坚信最好的创新顾问不会死守着贴在墙上的诸多便利条，也不会做什么三元映射关系图练习，更不会坐在时髦的沙发上在白板上写写画画。他们会像只有 8 岁的孩子一样，从不停止问为什么，也从不知道什么更好，更不接受借口，因为他们都是完美主义者！

旅程从此处开始

虽然写这本书只用了 6 个月，但是我却花了 4 年的时间来思考和研究。在很多地方，都有我写作的影子，在挪威的火车上，在秘鲁的会议中心，在悉尼的酒店里，甚至在土耳其乡下的酒吧里。有些内容来自迪拜摩天大楼的顶层，有些来自德里奇怪的路边咖啡屋，有些则来自翁布里亚的小村庄。在奥克兰我受到鼓舞，在哥伦比亚我感到迷惑，在罗马尼亚的乡下我受到启发。

我很幸运有一个身份可以让我在全世界演讲、写作、观察和倾听，而在倾听中我收获最多。我的工作是把点连接起来，发现它们的共通点和不同点。这本书的基础是我在世界各地时的收获，在加拿大我阅读当地报纸，在深圳我倾听工人的倾诉，在西班牙我和政府官员交谈，在库里提巴我在晚餐时和人聊天。这本书的观点和主题正是来自这样的宽度和深度的融合。

在做完这些之后，我发现，显而易见全世界存在共通的主题，共同的恐慌、兴奋和活力。把人们联系得越来越紧密的，是希望与恐惧的对比，而这正是一种对变化的迷惑感。此书旨在让此刻的复杂变得简单，区分出哪些变化比较重要，从过去吸取经验从而理解未来，发现什么在变化，更重要的是，发现什么没有变。因此，对于我们现在的作为，我感到非常苦闷，因为你们会发现，通过采取有效措施，我们很快达成的目标并非那么不可思议。最重要的一点是，此书是为了帮助那些愿意接受帮助的人，牵着他们的手，带他们拨开此刻极端复杂的混乱，从中走出来。

此书其实是各种平衡的产物。我试图在个人观点和更实质性、学术性的思考之间开辟出一条道路；我想涵盖足够多的材料，让本书在看起来很有趣的同时又有足够的深度让它很有实用价值。我希望抛出问题，播下思想的种子，找出潜在的解决方案。但是这本书并不是来提供所有答案的，因为这不是我该做的，我在此书中只能提供我所知道的答案。我希望此书读起来既有挑战性又很有个性，但同时又希望读者能感到轻松愉悦。但我却又故意让这本书读起来不那么愉悦，因为在这个时候我们需要的是挑战定式思维，探索我们一直所逃避的紧张情绪。如果能加速引发更有活力的重要讨论，那正是我所喜闻乐见的。

所以，请平静下来。我希望你在感到非常气愤的同时也受到了同样程度的鼓舞，我希望你在感到愉悦的同时也获取了信息，我希望在这个旅程中你特别赞同某些观点的同时也极力反对某些观点。当然，最重要的是，我希望能抛砖引玉，使你愿意与我或者其他你认为合适的人分享你的不同观点。

对大多数产业来说，在商业中举足轻重的企业都面临着两个选择：抑制衰败或重铸繁荣。我知道自己会选哪一个，而这也正是此书的意义所在。

目 录

第二部分　释放当下的力量

第三部分 期待未来

结束语

01 商业颠覆时代

“我不会从这儿出发”

先讲一个故事，说是有一个人在爱尔兰的乡间小道上迷路了，于是，他就在窄窄的路边向放羊的路人问路。他摇下车窗，问牧羊人怎么去都柏林。这位当地人深吸了一口气，努力思考了很长时间，最后说，“不好意思，先生，如果我是你的话，就不会从这儿出发。”

这不是一个好笑话，但却是今天商业形势的形象比喻。面对变化的风潮，我们很多人都拿不定主意，最后选择相信老一辈那些听起来充满善意和道理的决定。现在回想起来，这些决定却非常不明智。而这种结果带来的累积效应就是：今天很多企业完全不适合与其他年轻公司进行竞争。在前方道路不明确的情况下，我想，会有多少企业希望它们可以从别处出发呢？

公司，和人一样，是所有做过的决定的外在表现。它们是多年的员工增长、业务发展、资产继承、系统和文化等各方面共同作用的结果。有些年，变化的步伐很慢，以至于大家都相信这些商业巨兽可以顺应时代而变化。大家相信，领导者能够建造出新的发展单元，管理者能够开启新的增长点，人们能够应对所有的变化。但是，有三件事情发生了……

世界已经改变

首先，作为一个物种，人类原本应居住在同一个世界，区域相同且水平一致。但是改变的步伐已经加快，变化已经波及全球且越来越快，但是大部分企业却保持不变。世界变化得越来越彻底、越来越快速，而且在很多方面，改变的速度一直在加快。与此同时，很多企业的改变能力和适应能力却没有加速。所以，很多企业不能够进行灵活重组或重建，或者改变的速度跟不上消费者的期望和商业环境的需求，或者改变的速度没有竞争对手快。

其次，规模效应的优势越来越不明显。一直以来，与小企业相比，大企业有巨大的优势：它们在商品采购价格上可以有更大的折扣，可以因为举足轻重而获得更多配给，可以花费大笔资金来做广告，能招到最好的员工，甚至可以在任何需要的时候借到钱。但是，互联网和其他促使商业改变的推动力，却意味着很多因为规模大带来的收益优势正在慢慢被摧毁。实际上，那些曾经让企业强大的元素，在某种程度上却成了企业的负担，并让改变变得更难，比如已有资产、专业技能、大规模的劳动力、品牌传承等。

最后，我们已经看到，在这个时代，新型公司正蓬勃发展并改变市场。我们发现，忽略已有智慧的公司正大量涌现。它们用最新技术来打造企业核心；它们绕过或者忽略原有的条条框框，甚至重新解读规则；它们建立在新的经济原则和反直觉的商业模型的基础上，即把法律责任和社会责任当作自己的外部效应。这些公司经常运行成本低，发展迅速，从整个市场获取价值。经验经常被认为是一件好东西，但是现在看来，那些把最新技术深植于企业核心的新公司，才为我们提供了未来经济增长最好的模式。

正是这三种变化——全球性的快速变化、规模效应的减弱和新型公司的崛起——改变了我们的生活。这意味着，公司必须要努力思考，勇于改变，挑战自我。在本章，我将介绍数字达尔文主义的主要概念，和它如何驱动商业进行转型，以及它如何推动了现代世界的改变。我希望企业能够正确发问，提出一些艰难而又真实存在的问题。本章旨在了解变化的背景和原因，为后续各章提出的概念提供更宽阔的基础。

是时候直面难题了

那些最有意义、最好而我们却一直不敢提的问题是：如果你的企业在今天设立会是什么样？它主营什么？它如何运转？它如何盈利？你依然会采取哪些措施，以及你永远不会做的决策是什么？因为这些问题关乎企业的存亡，所以你最好从日复一日的现实工作中脱离出来，在异国他乡的度假屋里问自己这些问题，或者在火车上望着窗外思考这些问题。

如果你的答案是即使你的企业在今天创立也会和现在一模一样，那么，要么是你思考得不够深刻，要么是你的企业确实是这周末刚刚成立。当然，更让人担忧的是，很可能是你无视了周遭的诸多变化并且看不到各种可能性。

这些问题的答案很可能让人非常恼火，也许你现在已经觉得自己被冒犯了。你可能觉得自己被批判和误解了，可能也不喜欢我的语气。因为，很可能你的部门或企业已经工作得特别努力了，想尽了一切办法来应对变化，并逐步改变，在现代化和资本支出之间寻求平衡。虽然，很可能它没有完美地适应现在的环境，但是它也没有糟糕到让人夜夜难眠的地步。也许，从长远来看，它现在的状态很糟糕，但是日复一日的挣扎让你很少有机会看得那么长远。

你的公司也许从没有过真正的十年计划，它的宗旨可能就是为了让每个人都开心，而不是聚焦痛点、调整授权。它可能就没有过什么未来计划，来应对即将到来的变化；可能综合考虑各种现实因素，你的公司已经尽力做到最好了。

大部分公司其实就像英国的免税代码和希思罗机场一样，它们也是多年无数次地调整、扩建、修订和变通共同累积的结果。每一次渐变都是从实际出发，且经过了深思熟虑，对企业进行调整以更好适应。但是，英国的免税代码有 17000 页那么长，而希思罗机场也是一片混乱且运转失灵。如果它们都可以重新开始，我想它们肯定会比现在好得多。

下一个问题是：现状能维持多久？规模效应和效率要无力到什么程度，企业才会觉得要开始重新规划一切？你的企业也许今天还能有效运转，但这种情况能持续多久？我们都心知肚明，有一天希思罗机场将不复存在，汽车生产商将会生产电动汽车，很多零售商将需要更有效的机制来满足网络直接订购的需求。我们清楚，有一天电视生产企业也会改变，银行也将大变模样，广告和市场也会重构，能源和烟草企业也是一样。问题是，它们还能抵抗多久？当然，有些部门也许不会面临巨变，比如，采矿业、农林牧渔业等虽然也会面临改变，但是它们面临的混乱、威胁和机遇和其他产业比要小得多。

这些问题会引发进一步更有用的问题：我们应该怎么做才能达

成目标？我们所拥有的是否能带我们到达目的地，还是需要重新开始？哪些人和事会对我们有帮助？这些如何一步步实现？

硅谷有句话，“边飞边造飞机”。虽然这句话是胡说八道，但是企业确实需要思考一下走向成功的系列战略。有没有构建新的体系，并准备好某天就开始投入使用？有没有对已有资源进行重组？也许它们只是新设了一个部门，开始了一项新的业务。随着章节的发展，我的目的是鼓励大家使用谋略，刺激大家自发要求改变，然后为大家达到目标提供切实可行的方法。

通过回首过去我们可以变得更好，我们可以从过去汲取经验，柯达、诺基亚、百视达和连锁书店 Borders 的失败则为我们提供了很多教训。但是它们的故事已经被讲了很多遍，而且今天时代早已不同。过去有很多年实体店零售商从来不担心亚马逊，因为觉得亚马逊跟它们不一样，亚马逊只是网上商店而已。但是，现在回头一看，这种想法是多么的愚蠢。如果，在这个星球上，脸书有 20 亿用户，那么它很快就会成为零售商或娱乐公司；如果，人们相信谷歌，那么它就完全可以成为一家银行。准备好面对变化最重要的一点是向前看，而不是往后看。

记住什么没变

我的角色最难的部分是保持平衡。虽然事情可能改变得越来越快，但事实上并不是所有的一切都在变得不同。实际上，我们生活中有很多方面都没有变化。比如，你现在看的这本满是字迹的书依然是用树浆做成的（除非你看的是电子书）。

改变确实在发生，但程度却不尽相同。中产阶级在孟买、悉尼、马尼拉、东京、纽约和伦敦的生活看起来越来越相似，而与同一地区的农村人的生活却越来越不同。越来越明显的是，和同一国家的城镇居民面临的挑战相比，全世界的农村居民面临的挑战越来越相似。

自然，和我们称作“一般人”的人相比，大部分阅读此书的人都跟我很相似，或者彼此之间很相似。同样，和“普通”百姓相比，我们很可能被称作“异类”。即使在2018年，即使在发达国家，这些“普通”人仍不会网上购物，也不会在爱彼迎网站上租赁房屋。一个“普通”人不会通过手机进行支付，也不会有“智能语音助手”。我们需要记住，有三分之一的美国人仍然去DVD店里租借和购买录像磁带（Rodriguez，2017）；直到2015年年中，仍然只有七分之一的美国成人使用优步、来福车或其他车辆共享平台（Smith，2016）。我们这些“非普通人”读者的生活特别没有代表性，所以，我们要牢记这一点并改变自己的视角。

大势所趋非常重要。很可能，DVD店会消亡，车辆共享会变得越来越寻常并普及乡村地区，我们也会更多地用自己的声音与电脑交流互动。我们会继续从网上买更多的东西，而不是从实体店；电子产业的推动会改变汽车制造业的模样，以及相关服务行业。但是，支撑人类文明的基础不会改变。比如，品牌依然会坚持表达自我；我们依然需要通过表达自我而形成社会标识；我们依然会因为信任而支持选举，这些都不会随着亚马逊而消失。航空公司不会因为员工没有佩戴增强现实耳机而破产；酒店也不会因为房间里没有智能语音系统而突然倒闭。

当我在一家法兰克福的啤酒城里喝皮尔森啤酒时，很明显，那些可以追溯到1695年的家庭作坊式的啤酒厂并没有面临迫在眉睫、关乎存亡的危机。我认为，它不需要开什么创新会议来决定3D打印技术或者虚拟现实耳机对其企业的影响，就像我一样不认为它们会因为想到什么优步牌啤酒而彻夜难眠。

我的作用就是来判断什么在改变、哪些改变有意义和了解什么将会改变以及哪些不会。我坚信，技术不可能改变一切，将来也不会。如果你的企业是一家牛奶品牌、一家面包店或者是一家理发店，那么并没有什么剧变即将到来，即使这些变化表面上看起来很迅速和有毁灭性。那些有自己的咖啡品牌并向零售商出售咖啡粉的公司，并不需要成为什么“恰好会做咖啡的技术公司”。总之，不是所有的公司都会有明显的变化。

对于未来的看法，我们听到的观点会各不相同，因为，正如鲍勃·霍夫曼所说，“没有人会因为预见到未来和现在差不多而出名”（The Ad Contrarian，2017）。但是，尽管也许有些企业不会受到变化的影响，也许有些企业与我们常见的技术毫无关系，但是对它们来说，睁大眼睛、看向前方仍然是明智之举。因为这样做了，即使毫无改变仍然明显是更舒服的选择，或许它们可以因此拥抱即将到来的力量，即使它们不必如此。

变化乃是核心威胁

当我们问，你的公司如果可以在今天重新开始会是什么样时，我们不得不既残忍又诚实。我们不得不直击核心，看清公司到底是什么；我们不得不质疑很多公司的根基，然后把它放在变化的世界中来看待；我们不得不考察公司存在的原因，以及它们之所以设立的宗旨和原则。

现代企业经常被视为是摩天大楼：它们的存在有着非常广阔的

基础，它们的外形和使用的技术都是当时认为最有效和最明智的，而且它们拥有所有一个建筑物该有的支撑。摩天大楼的选址考虑了很多方面，包括本土和全球最优、经济实力和过去多年实践的点滴经验。

在此基础上，一座钢铁或混凝土结构的庞然大物高耸入云，有着建筑物的主要架构、外形和功能。

这座大楼的钢铁或混凝土结构正如公司的组织结构。正是企业的组织元素、部门结构、制度条例以及核心元素等铸就了企业本身，成了企业的血肉，确定了企业的主营内容、生产方式、管理模式和企业模型。

在主要架构确定以后，在此基础上建造的是服务设施，比如，楼梯、安全出口、走廊、管道、线路、供暖装置和通风系统等。在刚才的比喻中，它们代表了今天企业的文化和设立过程。它们是建筑和企业的共同运转方式，是建筑和企业的共同脉搏，是建筑和企业赖以生存的血液。

最后，在前面提到过的一切的基础上，即在架构确定和服务设施就绪后，再添加的是更多直观的装饰性元素，包括内部设计、家具、前台的外观和感觉、室内绿植、壁纸的颜色，等等。放到一幢企业的摩天大楼中，对应的就是大堂里时髦的椅子、卫生间里的艺术画、前台播放的企业宣传片和其他有利于增强访客感受的小细节。

在一个企业中，所有这座大楼表现出来的元素都能找到对应项：大楼接待顾客的地方就是企业开拓市场的地方，企业的外观就是它的市场、品牌、新闻发布和广告等。这些人们一眼就能看到的内容，是一个设计的最表层，但同时也是一个企业本质最有效的表达。现在，对大楼和企业来说，这些眼前的装饰和外观就代表了它们，是它们最容易改变的内容，也是最容易改变大众感受的内容。因此，换汤不换药常常是企业最有效的改变方式。

在这个变化越来越迅速、越来越重要的世界，当我们在做这样的类比时，我们不得不问：如果一个企业选址错了怎么办？如果这幢摩天大楼以前在伦敦比较合适，但现在应该在圣保罗怎么办？如果它本来是曼哈顿的高层写字楼，可以容纳 1000 名梦想在这里工作的高薪员工，而现在却因为业务外包意味着更多的职位应该在班加罗尔怎么办？

如果本来的地基是为了支撑一座 30 层的大楼，而现在随着需求的增加，则需要在顶层添加新楼层怎么办？如果原来的架构是厚砖墙，而现在我们想要大窗户该怎么办？如果根据新的管理规定，我们需要更多的安全出口该怎么办？如果电梯载客量不够怎么办？如果我们不再需要员工了怎么办？

实际上，建筑世界和企业有很多相通之处。比如，英国花了几十亿英镑来维护老的铁路，而不是建造新的高速铁路线。每年都有一笔费用来进行维护，而不是一次性花费大笔费用，因为，大笔支出很难通过审核。正是这种多年的逐步改变，导致今天的铁路昂贵、速度慢且容量有限。出现今天这样的结果，是因为这种维护工作是连续的，不但可以减缓原有线路的破坏程度，而且不用花费 10 年的时间来建造新的铁路。出现今天这样的结果，更是因为没有人有勇气做出更难的决定，因为那个决定将会在很久之后才能看出效果。

今天，商业性质的变化导致了商业环境的变化，涌现出了很多现代商业模型、新的技术、新的消费行为和新的竞争者，而这一切让企业笨重的基础设施显得越来越不合时宜，选址错误且理念落后。也就是说，在很多情况下，企业原先建造的很多东西都是完全没用的。今天，新的公司白手起家，依靠新的思想、系统、准则、技术和文化，让老公司看起来特别过时。

我们看到全世界有很多不同形式、不同程度的历史遗留问题。我们看到零售商希望它们从来没有过实体店，娱乐公司希望它们制作内容的时候已经买下了全球的版权，汽车公司希望它们没有投资几十亿元建造内燃机厂或打造自己的经销商网络。我经常看到很多很成功却经常空荡荡的餐厅，我就想餐厅老板会不会希望它们只用 Seamless 或 Grubhub 这样的外卖网站就好，而不是租赁这样一大片没有人坐的空间。这些企业的角色看起来已经发生了改变。银行再也不想受限于原来的定义，航空公司也不想再有固定的员工，而很多公司则希望它们根本没有员工。

有时，这些裂痕很细小：有一些出租车公司自诩为三 A 级汽车公司，只为了在黄页上获取靠前的位置；有些公司花费大价钱，只为了买到好记的电话号码；有些广告牌价值百万元，而之前这只是一种安全投资。变化在影响企业所有者的同时也在影响个人。让我们再一次把出租车行业当作例子。伦敦的黑色出租车司机需要学习专门的知识，并购买昂贵的官方汽车。车辆共享 APP 并没有改变这些需求，而是直接抹杀了这些需求。谷歌地图有 2~4 年没有花时间学习那些用处不大的知识，于是，它在一夜之间作茧自缚。它低估了了解所有街道名字的价值，提供的实时路况信息让多年积累的路况经验和知识变得多余。出租车行业并没有被技术改变，而是自己翻了个跟头。今天，一个出租车公司最好的起点是从零开始，而不是改变一个旧公司。

为了应对变化，需要改变错误的选址，支出大笔资金，耗费大量时间，并承担很大风险。而这些，往往意味着企业会受到瘫痪性的打击。相比之下，我们选择了更加快捷、简单的表面上的改变，即改变装饰而不是动摇根基——在裂痕上糊上墙纸。

随着生活中变化步伐的加快，很多老公司会发现它们越来越难跟上形势。有时候，面对希思罗机场或者纽约的肯尼迪机场，人们会想要是它们能重新开始该多好，而不是在现有基础上进行改变。

如果你想取代希思罗机场，那么你最好在关闭它之前就建好了可以替代的机场。你要把地址选在一个更好的位置，一个不需要在伦敦中心上空做高难度飞行的航线。你需要牢记现代客户的需求：这个机场的建造要利用最新的软件，要使用已知最先进的建筑技术。它的设计目标是接替原有的机场，成为原有机场的未来。它要在老机场关闭前就投入使用。它的未来要有更多的潜力，同时还可以阻止因为没有新机场而产生的破坏和浪费。

这是一种颠覆之举，虽然花费昂贵，看起来不必要，满是风险，耗费时间且不遵循旧历。我们倾向于在事情变糟之前进行调整，希望能降低风险概率。颠覆是建造企业的未来，在一败涂地之前拥有未来。这需要进行艰难的抉择和深入又实际的改变，也许还要采取一些看起来很残忍的手段。

自我颠覆

> 你最大的危险不是偶尔的失败，而是持久的平淡。
>
> ——弗罗布莱夫斯基，2017

现代社会较大的改变之一是互联网已经给比赛场所装上了电线。曾经在工业时代让企业成功的东西在数字时代看起来却在拖后腿。

曾经最重要的指标——盈利和税收——和发展潜力比起来已经变得不那么至关重要。优步或者亚马逊的市场估值更多考虑的是发展前景而不是发展现状，是用户增长趋势而不是已证实的赚钱能力。现在是一个令人迷惑的时代。之前很长时间，老公司因为已有资产而感到安心，而现在却越来越成了自己发展的累赘。

我曾经在自己的科技博客一篇题为《消费者界面之战》的文章中写道：

> 优步，全球最大的出租车公司，却没有一辆汽车；脸书，全球普及最广的媒体商，却不生产内容；阿里巴巴，最有价值的零售商，却没有存货；爱彼迎，全球最大的住宿平台，却没有自己的房产。有趣的事情正在发生。
>
> ——古德温，2015

就是这段话很多人认为总结了现代社会的变化动态。显然公司需要改变。为了在21世纪完成重大而持续的利益增长，企业需要探索出更多新的发展模式，而不是对现有商业模式进行逐步改进。它们需要做的不只是对生产线进行延伸，不只是进行小幅度创新，生产出几个新产品。和那些涌入市场、提高市场期望值的新公司比起来，这些举措已经不再能够产出足够的增长了。

期望也在改变。大零售商尤其是百货公司的股价显示，老式企业的信心正在衰减；和大型、有经验的美国汽车公司相关的特斯拉股票交易量的增长也反映了这一点。同时，客户期望也是真实的：我们不用再忍受下不了单，或者排着长队付钱。

市场和客户都不是宽容之辈。对于你不能像今天设立的企业一样灵活运转，你可能有自己的借口和解释，但是股票市场和客户才不会在乎，他们需要的是行动！

我们在创新娱乐化的时代

我们进行的改革常常是表面和外形上的，且速度很快。用之前那个摩天大楼来比喻的话，就等于在大楼快要倒塌的时候，在墙上挂一些新的艺术品或者重新布置一下员工餐厅。我们生活在一个只是把革新当作姿态的时代。从苹果手表应用程序的应用，到使用人工智能的天价广告竞争，再到聊天机器人，我们会发现，革新不只是改变用户体验，更重要的是要延展到市场、商业杂志和股票市场。今天，革新的目标应该是理念的传达，而不是商业回报。体验店里的机器人确实可以进行学习和数据捕捉，但是它们在那儿很可能只是为了在公司年报上能有张好看的图片；使用虚拟现实耳机展示未来酒店房间的模样，也不过是为了在 YouTube 上能有段厉害的视频；驾驶一架生物燃料做动力的波音 747 仍然会成为电视新闻。改变成了商品推销的一种方式，企业仅仅是换了一件新奇的外衣。我们经常会认为，革新的肢体语言不应该是深入内心或者在幕后默默进行的，而是应该有明显的外在表现。对很多大公司来说，在 2018 年，革新只是建造一间创新实验室，做一些常规的“硅谷之旅”“与创业公司联手”，或者是经常在新闻中表达自己的革新愿望，却从来不提成果。

我们需要正确地改变，而时间就是现在。这种转变至关重要，而且我们需要付出的努力和我们已经付出的努力之间有着极大的差距。2016 年毕马威会计师事务所的一项研究强调，有 65% 的 CEO

担心新的企业会破坏他们的商业模式，而有 53% 的 CEO 则相信他们对自己的商业模式的破坏重建的力度还不够（KMPG，2016）。在麦肯锡的一项研究中，有 80% 的 CEO 觉得他们的商业模式面临威胁，只有 6% 的高管对自己公司在创新方面的表现感到满意。

我们低估了改变的深度

需要改变的公司到处都是，但是改变的深度却经常被误解。今天，如果你准备成立一家新的媒体公司，比如报纸，你不需要像曾经的《纽约时报》一样要有自己的造纸厂以及成百上千的高薪资深作者、摄影师和事实核查员。但是，也不是说只要没有固定员工，总部更便宜，点击量更高，员工更年轻、更便宜，就够了。如果要赚钱，你不但要招募最好的数据科学家，还要制作出与故事内容相得益彰的软件，还要让品牌更加接地气。而这些，依然不够。这些只不过能帮助你的公司维持生存，减缓即将到来的灭亡速度而已，但这绝对不是你想要的。

不，如果你今天想成立一家新的媒体公司，你想要的是复制脸书、阅后即焚或者推特那样的传奇。你不用生产东西，只是成为细细的纽带，把那些需要员工的人和想要成为员工的人连接起来；你将记录大量数据，自动把广告卖给出价最高的投标者；你不需要为任何出现在网络上的内容负责，你将消除所有外部效应，不管是价格还是责任。你只需要按个按钮，就可以全球推广，当然，也可以添加视频。

一个老式媒体企业已经不能通过改组达到这种程度了，它需要从零开始。记忆、专业、技术和关系已经不仅仅是帮不上忙了，它们甚至已经成了问题的症结。

并不是只有媒体企业需要进行脱胎换骨的改变。那些实体零售商曾经足迹遍布全球，且拥有庞大的配给系统，面对今天可以直接送货上门的配给系统，它们能够与之接轨吗？更重要的是，它们能不能找出这样一条道路，既能满足现代消费者的价格和速度期望，同时又能获得利润？还是说，它们最好从零开始？

汽车制造商要不要承认这样一个事实：它们曾经掌握了大量的内燃机技术，以及复杂的供应商与分供商组织系统。而现在，这些知识却不仅对它们毫无帮助，还可能会阻碍它们在电动汽车的世界里发展？它们能否在这样一个世界成功：电动汽车更像智能手机，和过去所有的汽车都不一样？大型汽车公司能否抓住这样一个事实：汽车越来越像电子产品，软件的价值比硬件更重要，用户界面已经成为了卖家的主要考虑项？汽车公司能否理解车辆可以像手机上的数据一样被获取，而不再是被持有？买车、保养和过户这样一套体验是否比车更重要？

我们需要勇气来理解，破坏重建不是改变表面，是重建本体、对企业现状进行革命；不是抑制衰落或者为了完成利润额减少支出，是信念的飞跃，投资企业的未来。这是一个过程，最合适的形容词是“颠覆”：勇于改变企业核心，为新的未来做好万全准备。“颠覆”的目标是成为一个新的实体，吞下自己公司的未来，而不是让别人的公司来做这件事。

某种意义上，商业演变和物种进化很像。它是一系列的演变，导致了最后的优胜劣汰。正是标准的变异使改变成为可能。通过不断测试和学习、试验和错误，以及突然改变目标，也许新的形式和功能就出现了。在这个时代，非常关键的是要对环境负责，适应客户需求，以及包容新的行业进入者。我们要不断学习，知道该坚持什么，也要知道应该何时改变目标。最重要的是，我们要有能够推动企业前进的远见。杰夫·贝佐斯曾这样描述亚马逊，“我们坚守远见且细节灵活”（Levy，2011）。

把进化作为改变的基础，存在的唯一问题是：在我们生活的这个时代，自然的力量越来越大，而时间间隔被缩短。企业经营可能和星球上的种族演变不太一样，因为它面临着变数更大的环境。

唯一的确定是不确定

世界变化得越来越快，却也越来越偶然和难以预料。在我写下这一章的时候，比特币的单价是 11000 美元；而在我 4 个月后检查此书最后一稿的时候，价格降到了 8500 美元，而在此 6 周前则达到了 19700 美元。诚实地讲，没有人能够预见到它的未来价值。那些做出解释的人不过是基于自己的信念。当你读到这儿的时候，比特币的单价也许已经贬值了 100 倍，也可能涨了 100 倍，也许变成了零。因为，我们完全不知道支撑比特币的现金流和技术会如何发展，更不清楚它将来意味着什么，也不知道它会如何变化。

很明显，几乎没人预见到英国会退出欧盟，更不用说 2017 年美国总统大选的结果了。在 2017 年后期，道琼斯指数的增长更是让人摸不着头脑。指尖陀螺昙花一现，而冰桶挑战却销声匿迹。在差不多两个月的时间里，口袋妖怪游戏从“下一个最火的游戏”变成了“还记得吗”。3D 打印公司的股票价格大幅下跌，而横空出世的亚马逊智能音箱却成为 2017 年的最大赢家。事情不可能看起来一样。有很多年我们认为，对商业来说最大的问题是改变的幅度，而现在我们却越来越觉得是不可预见性。今天，不管在什么行业，几乎都没有人认为世界会在“标准”内变化，更不会在此基础上做出任何个人或商业的决策。生活的标准偏差在不断扩大；而技术则以多种新形式重组，让人很难预见到新类型会如何出现。

会不会有 Magic Leap——一家增强现实体验的耳机基地——这样的公司出现，让电视看起来特别落伍？无人驾驶汽车会不会比预期更快实现，并更快速传播，从而改变城镇发展的基础？无人驾驶飞机会不会使地面的基础设施显得设计者目光短浅？太阳能电池板的价格快速下跌，速度超出了人们曾经最乐观的预测，所以，如果已经开始建一座核电站就会显得没有选对时机。全球气候也许会更糟，也许和人们预想的都不一样。但是，很诚实地讲，我们完全不知道这对未来意味着什么。

今天，世界看起来确实像是卡在某种门槛上。我们使用智能手机差不多有 10 年了，我们想象不出来没有它们生活会怎样，但是，同样想象不出来它们对我们的未来影响会是什么样。我们不知道它们怎样改变童年和大脑发育，也不知道它们对教育的意义。它们在全世界可以解放惊人的人力资源和财富。或许，刚好相反，它们会增加我们的恐惧，制造更多的障碍。看起来，世界上大部分地区的中产阶级越来越少，而富人越来越富，这就像一锅易爆而又不可预料的汤。当人们的寿命超出 100 岁，会出现什么样的新问题？房产市场和代际财富转移会变成什么样？千禧一代是否终于在广告商努力多年以后，愿意掏出现金买东西？

无论如何，我们都需要记住，生活注定会越来越复杂和混乱，物理定律和无序状态意味着没有其他选项。当技术引发更多选择，选择的范围也在变宽，新事物合并和结合的方式也会越来越多。未来所有公司都要掌握的一项技能就是，在诸多不确定性中生存，为合理的意外做好准备，不要因为优柔寡断和恐惧而陷入瘫痪。在生活中，我们最好把注意力放在那些实际有影响的和我们能控制的方面。这样做的一个方式就是，少想一些已经改变的世界，多想一些被比尔·伯恩巴克称作不变的人。

关注消费者

革新并不具有颠覆性，消费者需求才是。

——杰夫·贝佐斯，2017

过去，管理咨询顾问为企业进行改变提供了很多帮助。他们非常了解新的技术和管理理论，因为他们面对的是 CEO 和其他资深员工，因此他们可以帮助企业的生产更有效、产品更低价甚至质量更高。这些咨询顾问在理解企业和帮助企业进行调整方面做得非常出色。

但是，时代已经不同了。变化要求公司要大步改革，而不是慢慢改善。世界上最大的蜡烛制造商不断地制造出更好的蜡烛，但是，它们却没有发明灯泡。今天，企业需要转换成新的商业模式，重新思考它们屹立的根基，而不是像以前一样，慢吞吞地进行微调。管理咨询顾问使用的理论仍然是 20 世纪 60 年代到 70 年代工业时代时期形成的，这些理论至今也没有什么变化。想一想，波士顿矩阵理论都已经有 47 年了。

问题的部分原因在于，管理咨询顾问公司服务于企业，而不是消费者。它们的工作是不懈努力，找出所有的答案，让企业安心。

但是，拥有确切的答案往往意味着你没有充分运用想象力，或者你探索得不够远。当今的世界需要咨询公司围绕消费者的需求展开工作，需要它们形成新的理论，向前看而不是向后看，观察这个世界而不是求助于书本。

和其他领域比起来，咨询领域更需要换位思考，发挥想象力，摆脱传统理论的束缚。如果一个企业选错了领域，建在了错误的地基上，那么，采用消费者客户管理理论系统对企业进行微调，或者采用新的数据策略，并不能让它蓬勃发展，即使这些是最畅销的方式。

物联网，或者5G、实时跟踪、云计算，或者其他任何大的咨询公司最爱引导的大话题，都能提供人们想要的服务，提供一流的客户体验。但是，只有那些勇于重新定位自己和关注现代客户需求的公司才能从中获益。

最重要的是，我希望此书能叫醒那些正在革新的机构或者数据咨询公司，尤其是那些广告机构，希望它们能东山再起、脱颖而出、自信前行。是时候做出改变了！

令人深受启发的关键话题

此书包括三个主题：一个聚焦过去和经验教训，一个关注当下和可采取的措施，最后一个放眼未来。每个主题都用3章来展示不同的背景和内容。对此书宗旨非常重要的有5个关键概念，它们是接下来提到的5个话题，也是读者最应该牢记的。

数字达尔文主义

数字达尔文主义是本书最重要的理论，是一个大概念，囊括了所有的思想火花和每一个被讨论的观点的背景和原理。数字达尔文主义的观点就是，和其他物种一样，公司也要随着时间慢慢改变，优胜劣汰，适者生存，在相当缓慢但持续不断且已经被证实的进化中成为更好的那个。

这个理论曾经同样适用于大企业和小企业，但是，现在已经不同了。技术和社会的改变速度之快，让商业背景的变化速度比其他任何一家公司本身都快。自然适应和更加敏捷已经远远不够。现在企业需要看得更长远，不但要努力变得更加灵活，还要有预见性，要习惯处于非舒适区，能坚持找到改变自己核心本质的方法。它们需要拥抱风险。今天的商业需要一种新的领导风格，一种新的关于薪酬的思考方式，一种改变未来的新方法。这需要找到新的途径来使用技术、利用数据和理解人本身。尽管现在并不是所有的企业都面临着生死存亡的威胁，但是它们中的很多很快就会面对，因为，变化的浪潮正以前所未有的速度向外扩散。在这种情况下，你要么尽力抑制住企业的滑坡，要么为了未来勇于重新思考和定位自身。如果你想采纳后者，那么，这儿有一些理论供您参考。

中数字时代

到现在为止，我们一直都处于数字转换时代的早期。虽然我们并不这么认为，因为我们已经使用了10年智能手机，已经习惯了车辆共享APP、手机银行和社交媒体。但是，我们确实感觉像刚开始使用。总的来说，不管怎样，我们已经为我们之前所知的东西添加了新的数字装饰品。大部分电视节目有30分钟，因为中间有广告时间，但是，流媒体不再需要这些。在网上商城里有“结算”和“购物车”，在笔记本电脑上有“桌面”和“回收站”。我们已经从过去的事物中获得了思路、单元和流程，然后几乎不费吹灰之力，把它们数字化了。但是，我们依然在一个很多事情并不能对每一个人都有效运转的时代：我们的电话经常通话中断；经常连接不上 WiFi；因为登录页面太慢，很多产业利润损失几十亿元；这个世界依然没能与全球化握手言和。我们处在一个极端复杂的阶段。

我们处于两个时代中间的混合阶段。我们生活在一个模拟的世界，被新的数字化可能性不断强化，但是却没有相应的新思想和新建设。正是因为两个系统的并存，让我们看到了生活有多混乱：我们可以通过电视和流媒体看同一个节目，用苹果支付来进行付款却必须用笔签字来授权，进行线上学习却发现价值已经流失了一部分。很可能，有一天所有的事情都能有意义；世界能有效运转；我们不再需要电子护照、电子登机牌或者电子机票，而是通过面部识别支付和通行；我们不再使用现金，因为现金将不复存在；我们不再使用电视机顶盒，因为 5G 手机可以让我们打开所有内容的大门。有一天，所有的事情都会有效运转，而我们现在就需要开始思考，为了那样一个世界我们现在应该怎么建设一切。

核心数字化

在 2006 年，世界上最大的公司主要是能源公司、银行和通用电气公司这样的大的产业联合企业。事实上，在彭博咨询公司 2006 年发布的全球最大的 10 家公司名单中，大多数都有 50 年以上的历史，拥有大量劳动力，只有一家被标为“技术”公司。到了 2016 年，情况却截然相反：有 5 家最大的公司被归为技术公司，而原来的 10 家公司只有两家还在名单上（*The Economist*，2016）。

从亚马逊到苹果，从 Alphabet（谷歌的母公司）到微软，从脸书到中国移动，大部分公司都相对年轻，但却在过去几年里崛起。尽管我们喜欢把它们称为“技术”公司，我却觉得这是一个很奇怪的词。脸书和谷歌95%的收入和利润来自广告，难道要称它们为媒体运营商？那苹果就是消费电子产品生产商。这些公司的共同点就是，它们建立的基础就是核心的数字化。“数字化思维”的意思既包括对技术的理解，也包括对消费者行为的考量。那些适应今天的商业环境的公司，用技术打造自己的核心，都是最成功的。这也为你想成为什么样的公司提供了一条有价值的参考。

范式飞跃

每一个工程设计都会有一个摘要，以及很多假设，然后对每一件耗时太长的事情发问。所以，和每一次创造性的努力一样，设计过程既是趋同的，又是分散的。我们先发散思维，然后磨合出最佳解决方案。在这个过程中，我们通过假设来制定行动框架。这也就解释了为什么当我们看向四周时，大部分东西都是相似的：大多数四轮轿车都看起来差不多；大部分银行大堂都感觉一样，和它们的产品一样；空中客车喷气式飞机和波音或者庞巴迪并没有什么本质区别，就像美国航空的商务舱和德尔塔的一样。

有些时候公司会打破所有的规则，而且经常是那些新进入一个领域里的公司。特斯拉制造的汽车打破了之前所有的规则：特斯拉S型的移动部件不到20块，而之前一台常见的内燃机汽车有将近1500块移动部件，以至于需要花费六分之一的时间来整合（Sawhney，2017；O’Connor，2013）。虽然都是不通过经销商直接把车卖给消费者，但是与那些以老的范式为基础建立的公司相比，两者需要解决的问题是完全不同的。它们需要软件工程师，而不是运输专家；它们需要新建充电桩，而不是维修基础设施。今天最成功的公司不是那些经验丰富的公司，而是那些毫无经验、问一些白痴问题的公司。脸书问：我们为什么要制作内容？苹果问：我们不能很快乐地使用手机吗？亚马逊问：我们为什么只能卖自己的存货？特朗普问：如果一个政客看起来不像一个政客会怎么样？今天最成功的公司是那些勇于打破规则的公司，是那些建立在不同的假设基础上的公司，是那些敢于挑战现状的公司，是那些以新的而非旧的范式为根基的公司。现在，那些希望通过一点点慢慢改变而生存的公司，输给了那些孤注一掷进行根本性革新和改变的公司。

蛙跳

进行核心数字化建设和解放范式飞跃的力量的概念，与本书中的这个概念并行，即蛙跳的概念。技术一般在模式范围内运转。我们经历了水力时代、蒸汽时代和电力时代，而我们现在在数字时代；我们曾用贝壳当钱，后来出现了货币，而现在我们使用数字货币；英国曾用马匹拉货，然后用运河、火车，而现在用公路；电脑发展则从本地个人电脑到本地主机，然后到云系统和云数据，而我们现在则可能刚刚涉足使用区块链技术的新的分散式系统。

当我们环游世界，会看到最新的技术、当下的商业环境和消费现象，在建设一个国家或者一个公司时发挥出的巨大力量。因为可再生能源项目的增长速度最快，世界上最先进的火车在中国；数字货币首先扎根于肯尼亚，然后才到美国；第一架客用无人机很可能在迪拜；某种程度上讲，得益于在过去几年里使用区域链技术建造了一套全新的系统，爱沙尼亚有最先进的政府基础设施和政府管理。

今天的成功企业之所以成功，往往是因为它们在某一特定系统投入了大量人力物力，而这也会导致，当系统过时时修复或者改变的成本会非常高。如果美国在当初能预估到现在发现的弊端，它很可能不会再花 5000 亿美元来建造美国州际高速公路系统（Planes，2013）。美国交通部门的一项报告显示，每年，美国维护现有的公路和桥梁到 2030 年将要花费 653 亿美元，而这还是保守估计。如果可以，它更愿意把同样的钱花在无人驾驶汽车上，而后者可以使用更窄的公路（Abruzzese，1988；Marshall，2017）。现在中国花费 5000 亿美元来建造高铁，连接全国各地，如果再等几年，中国可以利用超级回路技术，花费也许会比现在少 10 倍（Medlock，2017；Davies，2013）。这也越来越表明，未来解决问题的答案不是昂贵的硬件，而是更好的软件。也许到 2026 年，在英国花费 230 亿美元在希思罗机场建完新跑道以后，我们发现，完全可以用更好的软件来增加两条跑道的容量，而且花费更低；或者，我们不再需要经常旅行，因为可以用虚拟现实探索更多的地方。

现在到了这样一个时候，老的基础设施和系统开始成为阻碍，支撑这一系统的单位经济学也不利于盈利。就算对于那些白手起家、通过网上零售赚钱的公司来说，情况也特别艰难，更不用说那些需要改变旧机制、替换老系统、不断适应与新公司竞争的老公司了。对老公司来说，它们在过去成立，面临着利润率历史最低、销售额暴跌和投资稀缺的境况，而现在正是需要它们孤注一掷投资新事物的时候。温水之所以能煮死青蛙，是因为在青蛙需要跳出来的时候，它昏昏欲睡。在事情变得生死攸关之前，我们就需要行动起来。

那些体格庞大、资金丰厚、特别稳定且毫不脆弱的公司需要思考未来增长的方法，以对抗那些年轻的新起之秀，因为这些刚成立的新公司正努力快速增长，对前者造成威胁。这个战略也许不需要在组织内进行大范围地结构巨变，但是却需要前瞻性的工作，创造新主体，成就公司未来。

是时候行动了

虽然我并不爱好在电视上观看自行车比赛，但是环法自行车赛有些地方让我感到很兴奋。我喜欢主车群和突围车手的理念，感觉就是商业的一个很形象的类比。当车队延伸在阳光灿烂的法国美景中时，大部分时候，车队前端都会有一个很有组织的队伍，即主车群。在这个领导小组中，车手们轮流占据最前端位置。这意味着，最前端的人需要蹬得更努力来顶风而行，而他们后方的骑手则可以因为风的阻力较小而保存体力。当最前面的人累了，他就会骑到一侧，回到主车群的最后，然后，第二个人接替成为领骑手。这就像企业经营：它们也需要有些部门不停在前方冲锋陷阵、开疆扩土，测试和学习，尝试所有新事物，挑战一切旧俗，保障整个公司顺利前行。我们需要拥抱这些先锋骑手。

所以，现在是认可不公平、甘愿不行动就灭亡的时候，然后该制订计划了。你是准备等待，还是主动出击、做出改变？如果你想改变，什么方法最好？通过本章，你会发现，胸有成竹最重要，永远要准备好改变，不仅要灵活，还要有预见性，要往前看。要想更好地了解未来，就回头看看。

只有这样做，我们才可以避免过去技术使用不当的错误，找到一条不同的道路来拥抱新技术的发展。

参考文献

[1] Abruzzese，L（1988）

available from：https：//www.joc.com/trucking–logistics/highway–study–shows–need–increase–funding_19881006.html

[2] Bishop，T（2017）

Amazon and Blue Origin founder Jeff Bezos："The only thing that's disruptive is customer adoption"，*GeekWire*，7 April，available from：https：//www.geekwire.com/2017/amazon–blue–origin–founder–jeff–bezos–thing–thats–disruptive–customer–adoption/（参考日期：2017.12.7）

[3] Davies，A（2013）

available from：http：//www.businessinsider.com/elon–musk–hyperloop–is–10x–cheaper–than–hsr–2013–5

[4] Goodwin，T（2015）

The battle is for the customer interface，TechCrunch，3 March，available from：https：//techcrunch.com/2015/03/03/in–the–age–of–disintermediation–the–battle–is–all–for–the–customer–interface/（参考日期：2017.12.7）

[5] KPMG（2016）

Now or never：2016 Global CEO Outlook[online]

available from：https：//images.forbes.com/forbesinsights/StudyPDFs/KPMG–Global_CEO_Outlook–REPORT.pdf（参考日期：2017.12.7）

[6] Levy，S（2011）

Jeff Bezos owns the web in more ways than you think，*Wired*，13 November，available from：https：//www.wired.com/2011/11/ff_bezos/（参考日期：2017.12.7）

[7] Marshall，A（2017）

available from：https：//www.wired.com/2017/01/not-screw-spending-1-trillion-us-infrastructure/

[8] McKinsey（2013）

The eight essentials of innovation performance[online]December，available from：https：//www.mckinsey.com/~/media/McKinsey/dotcom/client_service/Strategy/PDFs/The_Eight_Essentials_of_Innovation_Performance.ashx（参考日期：2017.12.7）

[9] Medlock，K（2017）

available from：https：//inhabitat.com/china-is-spendingover-500-billion-to-expand-high-speed-rail/

[10] O'Connor，E（2013）

available from：http：//www.businessinsider.com/how-tesla-builds-the-model-s-2013-7

[11] Planes，A（2013）

available from：https：//www.fool.com/investing/general/2013/06/29/the-best-500-billion-the-united-states-has-ever-sp.aspx

[12] Rodriguez，A（2017）

Even with streaming video，a third of Americans still buy and rent，*Quartz*，24 November，available from：https：//qz.com/1136150/even-with-streaming-video-a-third-of-americans-still-buy-and-rent/（参考日期：2017.12.7）

[13] Sawhney，M（2017）

available from：http：//fortune.com/2017/05/13/tesla-market-cap-apple/

[14] Smith，A（2016）

Shared，collaborative and on demand：The new digital economy，*Pew Research Center*，19 May，available from：http：//www.pewinternet.org/2016/05/19/thenew-digital-economy/（参考日期：2017.12.7）

[15] The Ad Contrarian（2017）

[blog]The Ad Contrarian Says，available from：http：//adcontrarian.blogspot.co.uk/2017/11/no-app-for-gratitude.html（参考日期：2017.12.7）

[16] The Economist（2016）

The rise of the superstars[online]，17 September，available from：https：//www.economist.com/news/special-report/21707048-small-group-giant-companiessome-old-some-neware-onceagain-dominating-global（参考日期：2017.12.7）

[17] Wroblewski，L（2017）

Your biggest risk isn't occasional failure，it's sustained mediocrity[Twitter]14 September，available from：Twitter.com（参考日期：2017.12.7）

第一部分

环境的改变

02 从未存在的电力革命

我们不停地讨论商业世界的变化，但是其实与之前并没有太大不同。我们依然用现金支付，而不是指纹；我们并不是没有实现无纸化办公，但是以前用的纸却从来没有今天多（Schwartz，2012）；短信已经存在 20 多年了，但是我依然不能通过即时通讯来改航班；电子邮件也不是什么新事物了，但是我依然不能通过给银行发邮件来办理业务；只有那些有稳定的工作经历和能提供大量书面文件的人才能获得抵押贷款，而不是那些刚开始创业的人，即使他们的企业很有潜力，更不会是那些流浪汉。世界并没有我们认为的改变了那么多。尤其是，我们并没有真正理解数字化的力量。在本章中，我想通过及时地回顾过去，来理解过去的错误，从而学会如何更好地靠近现在。

在长达 40 年的时间里，电力在全世界目标明确且缓慢地推广，给工厂和家庭逐渐带来一系列细小的变化，但是却没有什么是革命性的。有很多年，这些小的变化让工厂管理者开心，让家庭生活质量看起来有了很大提高。但是，现在回首望去，我们会发现电力的革命性力量并没有得到适当开发。

从工厂主到工人，从业主到零售商，每一个人都认为他们已经了解了这项新科技，并且觉得自己已经做出了必要的改变。他们似乎把电力当成了一件不太重要的新事物，当成了一次稍微有利于改善生活品质的调整，却并没有真正了解这项科技的意义，也没有发掘出这项科技提供的新的可能性。正是这种革命性的潜力和实际的改变之间的矛盾，才是今天每个商业中的个体都应该考虑的。

电力的艰难推广

公元前 600 年，古希腊人发现，把皮毛和琥珀进行摩擦，两者之间会产生一种吸引力，然后发现了静电。但是，直到 1831 年，迈克尔·法拉第才开始以一种连续、实用的方式发电。不久之后，才产生了交换电流和第一台电动机。我们也许会认为，这么有革命性的科技肯定会立刻影响、改变世界。然而，事实却远非如此。和早期的互联网一样，几乎没有人可以在最开始看到其蕴含的价值。

很明显，照明装置是电力的早期应用之一。但是，依然花了 20 年的时间，这些照明设备才被改善得比早期版本更加明亮和安全。直到 1850 年，在电力可以稳定生产 29 年之后，伦敦的英国国家美术馆和英国海岸线的灯塔才用电灯泡照明（*The Victorian Emporium*，2011）。这并不是什么生活的剧变。

家庭对于电力的需求可以说非常小。电力的推广非常艰难，直到 19 世纪晚期，仍然只有很小一部分的住宅使用电。和大部分新科技一样，电力最开始是作为小玩意卖给富裕人家的。最开始是照亮圣诞树的一种好方法，然后才是一种照亮家庭的好方式。当富人感受不到他们的员工那样的工作负担和精神压力时，电力看起来并没有什么大用。但同时，情况也很复杂。很多企业想方设法利用电力这小小的增长，试着建造自己的围墙。很多封闭、不兼容的系统破土而出。由于没有产业标准设备，任何人，不管是商业老板还是公共建筑管理者或者家财万贯的有钱人，都可以让爱迪生或者他的竞争对手那样的公司根据他们的需求，为他们建造自己的用户系统。而这些系统几乎都不可以通用。

主要问题依然存在。由于明显缺少让人兴奋的使用案例，意味着电力主要是被硬推给人们的，而不是由饥渴的潜在客户拉动发展的。早期曲面屏电视或 Amstrad 视频电话的消亡告诉我们，除非这些装置自身显得很棒、有价值或者有用处，不然它们就是毫无价值的，然后凋零。电力的缓慢推广也是因为使用反响不热烈。没有人从电力中研发出新事物，他们只是简单地拿起现有的商品，然后思考如何把它们电力化。

那时候，也没有什么新想法。我们毫无创意地复制过去，然后用电力的形式展示出来；我们甚至复制了那些局限性。汽油和石油的照明装置一直是由自身的固定装置来控制的：你需要走进黑暗的房间，用火柴照明找到照明装置，然后用手把它打开。所以，打开一盏电灯的标准方法也是一样的：用火柴找到挂着的固定装置，然后打开灯泡底部的开关。早期的电灯使用者从来没有想到过壁挂式的电灯开关，然而，当有人终于提出这个想法时，却又显得这是一个特别浪费又昂贵的固定装置。

既缺乏电源插座，又缺少可以插插座的装置，导致了一个奇妙的恶性循环。你如何把插座插进还没有发明出来的东西中去？你如何发明一些不能直接通电的装置？最开始出现的一批居家用品是洗衣机、电动真空吸尘器、电熨斗、电冰箱、烤面包机和电茶壶。慢慢地，随着时间的流逝，人们在电力时代发明了新商品，改变了我们和电的关系。电风扇和辐射加热器的出现，第一次引发了人们对控制气候的期盼；而电吹风、电话和收音机则拓宽了电力的应用，电力从只是家庭生活中的功能性装置发展到真正提高了我们的生活水平。

思考电力在家庭中的应用的关键方法是，要清楚它有很多阶段。在第一个阶段，人们发现和改善这个技术以确保可以投入使用；在第二个阶段，电力只被富人使用，人们很难认识到它的潜力，人们只是把电力添加到已有商品上来提高它们的功能性；在第三个阶段，电力科技价格大跌，所有人都可以使用，而且最为重要的是，在这个阶段人们发掘出这项科技的潜力，研发出了新的商品。电力从最开始只是为了方便佣人点亮家里圣诞树的一个小装置，最后发展成一项将中产阶级从家庭管理的重任中解放出来、让成万上亿的家庭妇女走进劳动力市场的新科技。

工厂的电气化

电力在家庭使用中被缓慢接纳，鲜有兴奋与之相伴。与此相比，工厂的电气化则快速而又易达。为了更好地理解电力在工业中是如何被采用的，我们必须首先理解工厂建立的方式、地点和原因，以及工厂的布局和架构。

直线驱动系统

18 世纪以来即在工业革命时期建造的工厂，它们的动力系统基础是“直线驱动轴”，一个庞大、长长的旋转轴，可以直接或者间接地为工厂里的所有设备提供动力。在最早期的那批工厂里，这个轴是由水动力来转动的，即用水车将流水转变成一种能源。18 世纪，蒸汽机发展成为人们更喜欢的一种动力来源。蒸汽能提供更多的扭转力和能量，并且更容易控制，可以让人们把工厂建在自己想建的地方，因为，有了蒸汽机人们可以很容易地运输大量煤炭。（很明显，蒸汽机的初次使用并不是直接为工厂里的设备提供动力，而是奇怪地把水抽上来存到蓄水池中以确保水车可以正常运转。我们将新科技应用到旧系统的方式真是令人难以置信。）

直线驱动轴确定了工厂的布局。因为直线驱动轴控制着整个工厂的运转，所以它实际上也决定了工厂设计的每个方面。工厂全是长长的长方形，以保证所有的设备都可以从驱动轴获取动力。为了承受住传动轴的重量，墙壁又高又厚，甚至需要大量的铁筋来箍住墙壁，这使工厂的建设极其昂贵。再加上没有透光的窗户和通风孔，因此只建一层也是最合理的选择。

在一个直线轴中，需要有一个由传送带、滑轮和“轧机工作”齿轮组成的复杂系统。如图 2.1 所示，以确保所有的机器都能获取动力，以及非常小程度的控制。只需要拉动一个大大的手柄，就可以切断或连接电源，以及偶尔改变一下速度。

工厂设计成了一项很艰难的任务。加工机械的放置并不是产品进行大规模生产最有效的方式，但却是为了让所有的机器都能连接到传动轴的最合理布局。那些需要相似的扭转力、旋转速度和操作时间的机器被放置在一起。机器本身占用了大片空间，再加上正在生产的商品和水车机械，意味着工厂里非常拥挤，人们要想从生产流程中走出来，需要不断挪动周围的产品。

图 2.1 展示了 1914 年兰开夏的一个普通工厂。看着这幅图，我

们可以想象那是多么可怕的一个工作环境：蒸汽机产生大量的热气和噪声，巨大的旋转轴发出震耳欲聋的声音，震动的设备让每一件东西都在颤抖，没有通气窗来去除热气和气味，当然，几乎没有自然光。更重要的是，那些看起来没有尽头的一排排滑轮、传送带和传动轴，让工作环境看起来极其危险。

图 2.1　1914 年，兰开夏的一家纺织厂

来源：http：//www.wikiwand.com/en/Cotton_mill

转换到电力

和以前一样，工厂一直都知道如何调整以适应新的动能。在 18 世纪晚期的工业革命中，水动能到蒸汽的过渡很平缓，最开始是在矿厂，然后是磨坊。因为，那些已经存在的、用水做动力系统的工厂只是简单地建立了蒸汽厂，更换了驱动装置。而新的工厂则是有样学样，在有用的地方建立起蒸汽厂。

直到 1900 年，人们依然用同样的方式转换成电力和电动机。到这时，美国的工厂仍然只有不到5%的机械动力来源是电动机。电动机是动力的一种新形式，它可以产生更多的扭转力，可以更快地产生蒸汽，且更便宜、更有效，并且和有很多移动部件的蒸汽厂相比，需要更少的维护。电动机太令人振奋了！

但是，全世界的工厂主有自己的算法，而且商业使用案例也不是很清晰。看起来，在大部分案例中，工厂运转需要的能量花费非常低，是所有花费的0.5%~3.0%；维护蒸汽厂的员工花费也不是很高，而且每个人都很满足于现状。虽然现状不完美，但是却是自己熟悉的。而换成电动机则会遇到未知的风险，因为这些电动机是新生事物，还没有被验证。而且，工厂主需要重新培训维护人员，并且要暂时关闭工厂相当长一段时间。这需要投入大笔资金，而这种举措的收益，如果有的话，只有在未来才能看到。而工厂看起来也不会因为没有从蒸汽转换到电力马上倒闭。

尽管如此，在几十年之后，事情慢慢地改变了。那些动力需求小的工厂实现了第一批飞跃，把更小的蒸汽机替换为更小的电动机带来了巨大的收益。因为电动机动力更足，而小的蒸汽机很大程度上因为过度设计变得很笨重。世界从边缘开始变化，慢慢地，小心向前。然而，直到1899年，在爱迪生中央发电站问世18年之后，工厂仍然只有5%的动力是电能（Clark，1920）。

进入分组驱动时期

最不愿拥抱新技术的，往往是那些比较老、比较传统的产业和工厂。那些新产业对于工厂反而有更少或者更弱的先入之见，所以，它们更乐意接受新技术。在20世纪20年代至30年代，这种生产线推动力的新形式在一些产业中大获成功。这些产业发展迅速，并且在烟草、金属制造和交通这样的产业中，形成了新的生产过程，主要是因为它们需要扩大现有的生产单元规模、建立新工厂。

电动机随着设计和发展的竞争变得越来越小，也越来越便宜。并且随着成果的应用，不仅逐步替换了推动力机械，更逐渐改变了工厂的布局。

对那些有着强大动力需求的大工厂来说，把直线驱动轴拆分成更小的单位，看起来更合理。把动力设备按组摆放，这样，那些转速相同、需要有相同操作时间的机械被放在一起，而那些放在一起最合适、最合理的机器则紧密靠近。工厂设计者再一次把他们的想法建立在已知的理论基础上，即直线驱动轴概念。于是，在经过尝试和验证的方法论的基础上，现存已知的技术被逐步改良、提高。

但是，因为用这种方式调整现存的工厂花费非常高，所以，这种技术最开始只是被应用于那些新建立的工厂。毕竟，从经济上来说，在蓝图时期就重新思考、做出改变是非常可行的。而且这样做意义深远，因为这些新的生产设备常常可以生产出更加复杂的商品，满足更多细节和多样化的需求；有些设备还可以进行大跨度的速度控制，包括对拉丝或者打铁这样精微操作的精确速度控制。

“分组驱动”拥有巨大的潜力。服务整个工厂的直线驱动系统，因为自身规模的原因，要浪费掉产生的大概 40% 的动力。而且，这种系统还不能够进行局部控制：如果机器要衔接动力、脱离动力或者使用不同的速度，需要一个满是滑轮、手柄的复杂系统来移除动力连接和新的传送带，这让动力更加低效。

19 世纪 90 年代，美国通用电气公司在纽约斯克内克塔迪的一家工厂进行了第一次大规模分组驱动操作。在这里，他们用 43 台直流电动机，推动 40 条不同的直线驱动轴进行运转。一排排的机器分别紧挨在一起，通过一个相当小规模的局部直线驱动来获得动能，每一条直线驱动都有自己的电动机（Schurr et al.，1990）。

经济学家的被动思考

从经济方面来考虑，和建立全新的工厂相比，转换成分组驱动更容易调整，因为现有的直线驱动系统通常会作为整体分组驱动的一部分而原地保留。这样的话，就可以对资金支出进行调整，增加整个工厂的整体动力容量，并用这种逻辑和算法来解释这个决策。而且，从心理学上也说得通：没有人会愿意买一件让原来的购物显得不明智的新产品。分组驱动系统是一次非常成功的应用，让动力机更小，去除了大量的水车机械工作，工厂改善也有了很大飞跃。这些更短的驱动系统产生比原来少得多的摩擦，从而节省了大量能量。火灾的风险也被大大减少；设备根据旋转速度的不同分组排列，所以齿轮和滑轮也被弃之不用。

但正是这种使用分组驱动的表面思想转变和对这种新的思考方式的热情，阻碍了电力的再一次推广。分组驱动，最后又成了一次消遣。它让工厂管理者很满足，因为他们有种错觉，误以为已经引发了很大变化。而和它实际上蕴藏的可能性相比，这些远远不够。已有的改善消除了人们对现状的表面不满，并减少了他们探索技术、应用新方法的欲望。如果说直线驱动的电气化导致生产商停滞不前，并为自己已经做了所需要做的一切而感到骄傲，那么电力分组驱动的问世，则让他们更长时间地停留在现有的成绩上。他们感觉，所有该做的都做了。

所以，随着电动机变得越来越高效、便宜和耐用，再加上有数据支持的更多商业使用案例，蒸汽机缓慢而又坚定地逐步被取代。

到 1920 年，美国约有 50% 的动力来自于电力。

真正的改变：围绕电力重新设想工厂

在通常情况下，只有几件看起来不同的运作汇集时，才会发生真正的改变。

电力生产越来越便宜、可靠。在 20 世纪 20 年代至 30 年代期间，配电也缓慢得到改善。到了这个时期，工厂转换成电力驱动变得很可行，而且它们也不会因为没有备选项而感到没有安全感。其实，推荐这项改变的人们应该感到更自信，因为科技已经进化了。

电动机变得越来越便宜、越来越高效能。显而易见，多年的改良让电动机运转费用变低，电动机的部件和维护变得更便宜。因此可以有更多的劳动力储备来维护设备，同时每个单元的动力需求也变得更大了。最重要的一点是，电力驱动的动力机变得更小了。

工厂的需求也变得更加复杂，它们从原来的亚麻制造改为航空制造或者复杂的生活消费品制造。这种新的需求产生在这样一代人中间：他们家里有电，同时还想要电动的居家用品。

对于那些建立在传统的水动力或者蒸汽动力运营模式基础上的企业来说，如果可以从零开始重建的话，那么它们的设想和建造将会完全不同。有史以来第一次，设计者不再认为大规模的驱动轴应该是工厂架构和生产流程的中心，而是开始研发最适合制造流程的新机械和工作流程。

工厂被重新设想。所有已知的、默认的和固定的都受到了挑战。电力的存在意味着，动力实际上已经变得无处不在，它变得简单、至关重要而又有革命性。同时它引发了新的对待能源的方式，它提供了非常新的经济。在能源简单、快速、便宜和充足，且电缆与驱动轴相比极易控制的背景下，新的工厂和设计产生了。

商品制造流程进行最合理的安排，接着工厂以一种最有效的方式来布局。通过这一变化，显而易见，巨大的生产率增长也一口气减少了商品流动的混乱。忽然间，工人不但变得训练有素而且多了自主权，他们会因此工作得更加努力并且意识到自己所负责任的巨大影响。工厂也可以摆脱（或者从来未建设）水车机械工作。厂房里可以有窗户，火灾的风险也很快被降低，通风条件也得到改善。动力或者能源不只是一种驱动布局的物质元素，更是一种使一切变得可能的背景实体。它是一切的促成者，而不是约束。庞大的齿轮箱和滑轮被开关和可变电阻器所取代。

摆脱了动力分配带来的束缚，工厂的地面生产可以进行有效组织，从而带来更合理的生产安排。工厂不再因为复杂的流程而不断延长，它们可以是企业需要的任何形状。建筑可以建造得更加有效，多层厂房现在也可以实现了。在工厂里，设备以最有利于商品流动的方式摆放，更高的生产力降低了每个单元的输出成本。

新系统的好处意义深远，并且在性质上有着惊人的多样性。工厂忽然变得安静了。之前长长的驱动轴不断变大，产生大量的热气，导致了无休止的振动，震耳欲聋。移除老系统意味着一夜之间工厂变得安静多了。

现在工厂可以有更多的空地，而建筑物由于不再需要支撑重重的水车机械有了更多的通气窗和自然光，也不再有石油从头顶的机械上滴下来。

头顶也不再有传送带和滑轮，再也不用担心因为一个错误的操作而丢掉一只胳膊。所有这些特征都意味着工作环境更好了，也促使产品质量更好了、员工更愉快了，因为员工对于自己的产出有了更多的控制。他们训练有素地操纵特定的机器，对机器有了更多的控制权，同时也有更多的权力来做出部分决定；他们可以自己启动和关闭机器，不再因为是更大系统的一部分而完全没有自主权。

归功于电动机动能的可控制性和稳定性，企业引进了更多先进的机器，制造出了更多复杂的部件。产品的质量突飞猛进。

但是到这时为止，最大的转换只是发生在宏观层面。有几百年的时间，工厂的选址取决于能源需求：最开始选在靠近快速流动的持续性水流旁边，以便给水车提供动能；然后是靠近煤矿，或者能够提供简单、便宜的获得大量煤炭的交通线路旁。那时，能源是不可以运输的。

而这种需求则完全被电力取消了，历史上第一次工厂获得了自由。它们可以建在靠近劳动力资源的大城市里，也可以建在配料和产品自由运输的港口。

这种对比对于现代社会的职业生涯来说非常明显。在电力出现以后，即使是知识工人和当代产业中的工作者都几乎没有经历工作生涯的变化。在过去 60 年的时间里，公司的等级结构、部门间的壁垒、公司的办公室设计和生产流程都几乎没有什么变化。我们至今仍没有真正拥抱远程管理，从来没有重新思考过组织架构的设计，即使是开放式办公室也看起来更像是为了省钱，而不是重新思考如何更好地了解我们应该做什么。因此，我们需要学习的还有很多。

我们可以从中学到什么

从围绕着电力的非常缓慢、非常不情愿的转型中，我们可以学到如下东西。

人们认为他们已经得到了，而实际上并没有

虽然，有将近 40 年的时间，并没有发生什么真正的变化。但是那个时候，所有的年度会议、销售报告、咨询顾问、管理理论家和数据都显示，以及每一个人都坚信，他们已经真正理解了改变的力量。

在缓慢改善的时期，人们并没有抱怨进步不够快速，也没有发起什么运动要求“让我们多做一些”。有几十年的时间，每个人都止步不前，满足于自己所做的一切，虽然其实只是简单地把旧的动力机械换成了新的。只有在我们回顾过去的时候，才会意识到我们曾经犯了什么样的错误。

这种情形同样适用于数字化。杂货店觉得，添加了自助结算系统就已经足够了，它们没有想过技术可以怎样从根本上重塑自己的企业。大型零售商觉得，提货点就已经足够阻挡亚马逊的猛烈冲击了。我甚至觉得，银行产业只是把肯尼亚的移动支付巨头 M–Pesa 当成了一件有意思的案例进行研究，把小额支付软件 Venmo 看成是小孩过家家。而实际上，一个好的、新的手机银行 APP 和一个新面貌的网站，才真正抓住了新科技的力量。

公司需要意识到，到目前为止，它们中的大部分都毫无作为。它们需要感受到这些令人振奋的变化，并为之吸引，主动重新思考自己的企业，发现一个充满全新可能性的工具，并把自身现状与未来的可能性飞跃进行比较，与竞争对手的现状和未来发展进行比较，而不是与自己的过去进行比较。

经济学因为缺乏想象力而成了拦路石

当时的首席财务官们和管理咨询顾问对于电力的思考方式，更

是完全错误的。这些经济学家只是把电力当作一种新的能源、一种驱动机器的新方式而已，完全没能理解电力带来的间接效益，即电力可以真正改革生活方式、打开新产品和新服务的大门。

大部分企业，和过去的工厂一样，它们的运营受到公司财务领导的严重影响（至少）。尤其是投资决策要依赖复杂的财务流程，沉淀成本、预期收益和收回投资成本的时间决定了一切。很明显，在这一时期，和今天一样，财务决策考虑的是比较短时期内的情况。没有人会计算 60 年之后的收益，而是会计算大约接下来 10 年的。没有人会计算不这么做的成本，也没有人会计算不使用这种技术的竞争成本。经济学用旧的假设和限制建立旧模型，来计算新科技的成本和收益，对于间接效益更是想都没想。

当工厂围绕电力建立，而不是把电力当作附加效益，有些收益是既明显又可预见的：火灾风险降低，能源价格更便宜，维护费节省很多。但是，尽管可以预见到，很多这种收益却不能简单地被计算出来。更安静的工作条件，或者工人少放几天假的经济收益是什么？更愉悦的职工和产品制造得更精确的价值什么？

而且很多收益是完全不可能被预见到的，尤其是那些间接的改变。几乎没人能预见到，电力可以让工厂迁移到更靠近港口的地方，更亮的照明设备有助于产品检验从而提高产品质量。

大部分会计模式都很理性，但是却并不意味着每件事情都可以被测量。同样，也并不是说不适用于电子表格的就不会有财务影响，不管看起来二者多么没有联系。

所以，当你的公司计划进行改变时，要首先意识到：革命性的变化是很难预测到的。以前，音乐产业致力于音乐流媒体化；现在，它们把线上音乐当作内容营销的一部分，从而可以在音乐会上真正赚到钱。电视产业却没有从中汲取经验，依然在电视节目流媒体化方面缓步不前。它们没有看到这一潜在增长：当电视内容流媒体化以后，利用个人数据可以让电视广告更有价值。但是，这超出了大部分金融思想家的想象，因为几乎没有财务计划会计算不采取某项举措的成本。按照经济学的算法，也许福特就不应该生产电动汽车，因为，这么做减少了它们在配件和维护方面的收入。但是，如果特斯拉和其他公司开拓了电动车市场，福特连这样的选择机会都不会有。

肌肉记忆很强大：我们把新技术应用在旧东西上

当我们面对一些新事物时，我们发现很难真正地从零开始思考。我们不可能从一张白纸开始；恰恰相反，为了更快地掌控，我们都是兴奋而快速地把它和我们所了解的事物联系起来。

我们把新事物放在过去的生产流程、操作系统、基础建设和假设中，把它当作我们已有事物的润滑剂。我们甚至没有意识到自己在这么做。没有人注意到广告中电子手表的时间是 10∶10 有多奇怪，仅仅因为这个时间在腕表上看起来很适合；更几乎没有人注意到父母两人共享一个电子邮箱是多么奇怪，因为每个人都有自己单独的通信地址。

在公司使用的电脑系统中，你一般需要通过通信地址找到你想找的人，因为过去的系统就是这样的。但是在今天，人们搬家的频率比换手机号码或者电子邮箱的频率还要高——但是，至今没有系统把这些考虑进去。

今天的公司需要谨慎自己做出的假设和从过去携带过来的包袱。过去零售商一直需要持有自己所卖物品的存货，而现在他们的店铺可以卖任何人的产品。实际上只要你有受众，今天任何人都可以立刻成为零售商。它们就像商店的厨窗，等着其他人来填充。美国共享租车鼻祖 Turo 向我们展示了，没有汽车也可以成为汽车租赁公司。爱彼迎则展示了如何不费吹灰之力，从提供住宿转为提供旅程。当你思考未来的时候，一定要注意，不要让限定的需求限制了你的想象力。今天银行一定需要分支机构吗？你需要拥有东西的所有权吗？你需要员工吗，或者你可以外包吗？你的公司真要建得和竞争对手一样吗，或者围绕人们的需求而建？

改变需要深入

就像我在接下来几章里会提到的一样，科技的深层变化需要我们相应地在思考方式上进行深层转变。这些根基性的变化，要求我们去重新思考工作最核心的元素。简单地进行规模扩张或者装饰性地改变装修，都是没有理解转型的真正含义。如果企业对于新生科技的力量更加积极，如果企业不再只是努力消化已有的可能性，它们也许会花更多的时间来探索更多的可能性，也许会更快地改变我们的生活。

把新科技应用到企业边缘的做法是最简单的，同时改变也是最小的。这是最快捷的方式，同时需要花费的努力也是最少的。当你让每样东西都保持原地不动的时候，谁还愿意做一个新的流程表呢？但是正如我接下来要探索的一样，这些变化需要来自核心，而不是边缘。

对于从未发生的事情缺少远见

公司所有者并没有看到电力的潜力，也没有基于这种远见做出决定。更确切地说，他们没有想象出任何之前从未存在过的东西。那些清醒、理性、以机械为主导、关注产量、被数学计算所驱使的人是不可能预见到电力的意义的。团队中需要多样化的天才、梦想家、思想者和创造性的人才，来真正看到那些间接的或者更间接的变化和应用的意义。

科技是背景，而不是前提

是人，而不是技术，来对企业进行转型。人们很容易觉得电力引发的改变是由这项科技带来的，而实际上是由人推动的：是那些现在在阳光下可以更清楚地看到产品、在工厂里工作的工人；是那些因为有了更多自主权而工作得更努力的人；是那些不再需要低效地挪动产品、花费更少时间在路上的人；是那些工作环境更安全、噪声更小，健康状况得到改善的人。在每一次技术转换中，科技一直是最本质的，但是往往，它其实和人相关：工人、消费者、销售或营销员。同理心和对复杂科技的理解一样必不可少，甚至更重要。最重要的一点是，我们发现，人们想要的是解决方案，而不是技术。我们不得不集中更多精力来找到更好的做事方法或者新的生产方式，而不是技术本身。

中间阶段经常存在

分组直线驱动提供了一个很好的构架，让我们可以了解到，当一种思考方式敢于挑战旧俗时会发生什么。但是，这种思考仍然没有坚定、富于想象和深刻到可以引发真正不同的地步。虽然，我们很容易就能回头看到分组驱动那一阶段，以及它所带来变化的价值，但是我们也可以看到它是阻碍更彻底的变化发生的因素之一。它只是逐步改善旧的处理方式，是一种可以买到的、可以做出的改变。它是令人愉悦的，并且给了人们一种假象，误以为已经做出了所有可能的改变。正是这种看起来很大、现在回首看却微不足道的变化阻碍了真正的革新，这一点稍后会讨论到。从分组驱动中，从家用电力的早期阶段中，从交流电和直流电系统的战争中，从早期家庭动力系统的专有属性中，我们看到，生活在变得更简单之前经常会变得更复杂。

时机至关重要

在一个快速变化的时代，作为一个工厂主处境是非常艰难的。动力生产费用快速下跌，电动机的成本也是如此，大批可以使工厂电动化的专家涌现，技术改造成本也降低许多。当我们现在清晰地回首过去的时候，可以非常简单地决定公司应该怎样做以及这样做的时机。但是在当时，知道转型的方法和时机都是特别困难的。当我们在这个星球上冒险时，会看到很多公司为了支持超高速互联网铺设光纤电缆，我们会想，也许它们应该等等 5G 网络，而不是现在就挖街道。当我们看到飞机上大大的椅背电视时，会有意思地觉得，因为我们现在已经有了手机和平板，它们也许应该把这笔钱花在更好的 WiFi 信号上。我们现在就建造高速铁路，还是等等“超回路列车”？我们现在就开始着手把早期人工智能应用到企业中，还是等到这项科技改善后再应用到更好的核心系统中？

为时代而建的新公司才可以解放真正的力量

综合以上所有因素，可以看出，以前最开始使用新科技的并不是当时已经存在的公司。但是，我认为最大的因素是其他东西：成本骤降和工厂主的心理防御。

如果你经营的是一家成功的纺织厂，而且已经有了40年的发展历史，当这个工厂看起来运转良好时，你不可能某天忽然醒来就开始投入大笔资金进行改变。尽管可能有些方面开始出现故障，但是对于工厂的系统和设备，你已经有了几十年的处理经验。你肯定更乐于对现有的系统做出一些小的改变，而不是直接弃之不用、重新开始。毕竟，就算为了做到这些改变，也会造成巨大的收入损失。当另外一家公司，你们公司产品的直接竞争对手，开始做出改变、向前走、追上你并生产出更好的产品时，才会产生收入损失。这种情况的发生，需要几十年的时间。当你终于意识到发生了什么时，就已经太晚了。

正是因为这种不情愿，导致领导了单元动能改变的并不是那些老的纺织厂或者已经建立、盈利的企业。那些更新、更小的公司对成功有更大的渴望，那些制造从未有过的新事物——飞机、冰箱、香烟——的公司引导了时代。

当你考虑当下的环境和你的企业现状时，很容易就能看出你的企业还没有做出改变的原因。就像那只虚构的、被温水煮死的青蛙一样，你现在也许觉得比以前更温暖和放松。也许现在集中力量跳出去已经太晚了，而且比以前更难做出改变，但这恰恰是你现在最需要做的。

企业所有者不可能一直通过自我欺骗来感到舒适：人们在买东西之前，总会想先摸一摸；人们不会购买新闻；人们一直需要的是产品X，竞争对手Y是不同的，因为Y是线上销售；我们更了解自己的消费者，我们和供应商的关系更好；等等，一系列谎言。

当然，也许你只是为了自我安慰，也许你只是用一种适合自己的方式来理解这个世界，只不过这种方式需要最小的风险和改变。但是，你实际上需要的是做出巨大的改变，而现在就是你行动的最佳时机。阿玛拉定律认为，人们总是高估一项科技所带来的短期效益，却又低估它的长期影响。但是我认为，人们也低估了应当对意义最深远的科技的应用深度（Amara，2006）。首先，我们先改造工具，然后工具才会改造我们。对约翰·卡尔金的这种理念（尽管它被广泛地认为来源于马歇尔·麦克卢汉），我们思考得还远远不够（Culkin，1967）。

认为每件事情都会改变比低估它更有帮助

在 2006 年的银行危机之后，世界各地的政府快速向经济中投入了超过 12 万亿美元的资金。它们之所以这样做是因为它们觉得做得越多、越快越好，而不是太少、太晚。同样地，在商业的计划和转型阶段，最好对未来有更多的想象，看得更长远，高估世界的变化，而不是认为事情不会改变。我确信有一点非常明显，我们在电力时代中的失策，为我们看待在数字化转型中的错误提供了很好的视角，每一个方面和教训在现代社会都有对应的写照。我们是怎样把新科技只应用到边缘，而不是核心的；财务流程是如何削弱新科技的价值的；工厂主是如何认为他们可以顺利过关，而拒绝充分投资的；以及在家庭应用中人们是如何看不到真正的好处，和公司是如何出于保护主义而建立封闭系统的。我们看到，真正改变的不是科技本身，而是系统、应用和在这个新世界的基础上建立的工作方式。意义深远的科技创造了实际存在的改变，它重塑了每件事情，认为事情会改变比低估它更明智。下一章我们将会探索新科技是如何出现的、看起来什么样以及应该如何对待。

所以，当我们想确认应该如何最好地应用新科技时，很明显，我们不仅需要理解科技本身，更需要理解它的意义。同时，我们需要看到以前科技是如何影响世界改变的。

参考文献

[1] Amara，R（2006）

available at：http：//www.oxfordreference.com/view/10.1093/acref/9780191826719.001.0001/q-oro-ed4-00018679

[2] Clark，J A（1920）

cited in The 1920s（1920–1929），*EC&M*，01/06，available from：http：//www.ecmweb.com/content/1920s-1920-1929（参考日期：2017.12.7）

[3] Culkin，J M（1967）

A schoolman's guide to Marshall McLuhan，*Saturday Review*，pp. 51–70

[4] Schurr，S H，Burwell，C C，Devine，W D and Sonenblum，S（1990）

Electricity in the American Economy: Agent of Technological Progress，Praeger，New York City

[5] Schwartz，E（2012）

We're using way more paper than we have before，*Gizmodo*，3 April，available from：https：//gizmodo.com/5898830/wereusing-way-more-paper-than-we-ever-have-before（参考日期：2017.12.7）

[6] The Victorian Emporium（2011）

History of Lighting，30 May，available from：https：//www.thevictorianemporium.com/publications/history/article/history_of_lighting（参考日期：2017.12.7）

03
科技发展的三个时期

我们已经看到了20世纪世界是如何完全错误地理解电力的，但是看看这个世纪，我们甚至可以获得更多失败的例子、吸取更多的教训。通过学习科技是如何被接纳的，公司和社会是如何应对的，以及是何时、何地、通过何种方式进行改变的，我们可以最大限度地利用科技的潜力和确定这样做的时机和方式。本章我们将研究对科技的接纳过程和三个阶段的概念，即任何科技被接纳的过程都有三个明显的阶段。希望通过这些概念，我们可以更自信地选择改变的方式、时机和地点。本章我会建立一些模型，用来弄清楚变化的意义，从而让我们变得更加自信，也为我们可以拥抱的可能性绘出一幅更乐观的景象。

我们在数字化时代已经取得了一些进步，比如智能手机让我们的生活更加丰富多彩，电视节目也满足了我们的很多需求，出现了在线零售商，我们现在可以自己直接获取很多服务，出现了以机器人为核心的自动设备，并涌现出了可以最大限度地利用新兴科技的新的管理技术。但是通过这些进步，我们并不能马上很明显地看出数字革命已经给生产力带来了翻天覆地的改变。当然，人均劳动生产率每年都在增长，但是斜率并没有什么巨大的变化，正如图 3.1 所示。为什么会这样呢？

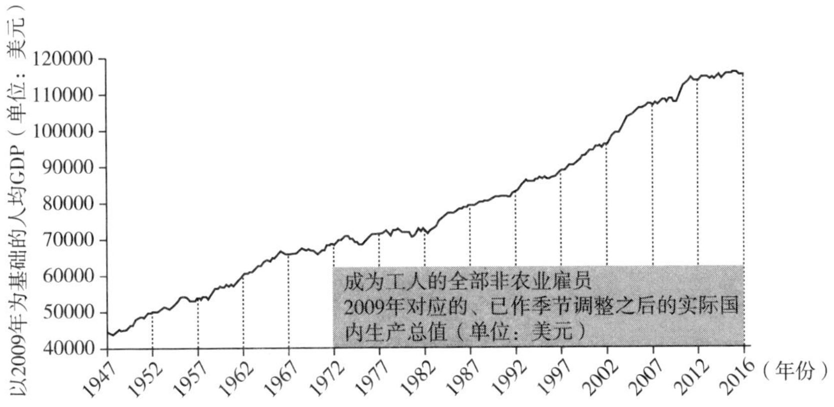

图 3.1　美国实际国内生产总值中的人均劳动生产率的季度变化：从 1947 年第 1 季度至 2016 年第 2 季度

来源：经济常识，https：//anecnomicsense.files.wordpress.com/2016/07/gdp-per-worker-1947q1-to-2016q2rev.png

三个阶段

我们已经看到，以前的生产力缺乏改变。通过了解工业革命时期电力的传播和使用情况，我们可以看出，人们对新科技的接纳要经历三个阶段。

第一个阶段，在新科技被发现或使用之前，有一个科技前环境。在这个时期，人们对事情只有大概的了解，改变的步伐很缓慢，改善也是逐步的。

第二个阶段，确立或传播一种有潜力改变世界的新科技和新理念。这些改变围绕着已有的观念模式和生产流程发生，起到增强和润滑剂的作用。在这个阶段，新旧并存，两种系统互相竞争，旧协议继续延续，人们既感觉到需要改变又充满恐慌，这常常是舒适的时期，但同时充满了不确定性。

第三个阶段，就是我们理解新科技和为了新世界重建系统的阶段。正是在最后这个阶段，社会和经济世界看起来已经理解了这种改变，科技成为背景，被广泛理解，成为一切再建的基础。也正是在最后这个阶段，一切似乎简单地正常运转。

事情在变得更简单之前，往往会先变得更复杂。在 2018 年，几乎每一个读这本书的人的指尖和周围都布满了电器，而且电力充足、稳定、相对便宜且简单。除了世界上那些奇怪的插头（越来越统一标准为 USB 插头），其他一切都看起来简单一致，以至于因为动能的正常运转，我们常常忽略它。我们曾经很关注电脑，因为麦金塔电脑与 PC 电脑不兼容，我们需要用提示来下载电脑程序，机器常常缺货，而且总是停止响应。在大学里，有一间专门的房间来放置电脑。那时候，电脑既新奇又稀少又让人兴奋，人们常常要等很久才能用上一台。我记得在学校里的第一台机器还是硬盘驱动式的，那时我还不明白那么多程序是怎么装进去的。简直太不可思议了。

有很多年，我们会注意到我们的某些资产是需要动能的，我们会注意到有些东西有“内置电脑”，但是现在，我们不会。我们过去要关闭或打开电视、电脑，每件东西都有一个明显的开关按钮。但是今天，我们却不用这么麻烦。现在，我们甚至很难界定什么是一台电脑。如果平板是电脑，那么亚马逊智能音箱是不是，谷歌无线路由器是不是，搜诺思音箱是不是？我的电视有没有处理器，对我来说并不重要。每件东西都正在变得越来越智能。

当你考虑一项技术时，当你注意到它时，就说明它并没有很完美地运转。相对地，那些你最容易忽略的，往往是运转最好的。当你的手机不能马上播放电影时，你感到很生气，这一现象正是你期望它应该一直很完美运转的证明。基于这种理念，我们可以看到，我们已经过了电力和电脑化时代，而是处在数字化时代最复杂的中间阶段。

前电力时代

有上千年的时间，我们都生活在前电力时代。我们要么没有动力或工厂，要么工厂动能依赖水或蒸汽，而后者在工业革命早期才开始建立。这些工厂的位置、设计以及生产流程，都随着时间不断发展，进步相对简单，变化非常缓慢而且越来越集中。润滑技术也许使直线驱动变得更有效了点，新材料让滑轮更好了些，齿轮箱对速度有了更多的控制，蒸汽厂变得动力更足，但是，所有的改变不过是在一个相当固定的环境中优化了已有的设备和生产流程而已。

国内环境也是比较有限的改变之一。当时的房屋建设重点在于提供更好的自来水，并通过改善卫生条件减少疾病的风险。在那个时期，加热技术逐步提高，从明火发展到木制炉灶。另一个焦点是如何降低火灾的风险，或者如何更好地应对火灾风险。在由电力扩散到全世界引发巨大的改变之前，生活其实很简单：在风车和水车之间，并没有什么兼容问题；当人们把犁地的马换成牛时，也没有引起什么混乱；更没有管理咨询顾问跑过来，对茅屋匠讲六西格玛茅草理论。总之，回首望去，那个时代变化缓慢，人们在如何充分利用更好的解决方案方面达成了共识且不考虑其他可能性。

中电力时代

电力的发现，和生产电能并将其转换为可以使用的动能的能力，以及使用电能的能力，几乎对社会各个方面都产生了巨大的影响。那是一个变化巨大、情况复杂、充满混乱且广存异议的时代。

在漫长的中电力时代，人们生活在一个混乱的时期：为了迎接电力时代的到来，前电力时代的社会，通过微小的努力，不断进行边缘化调整。在这个阶段，一方面我们的理念是前电力时代的，另一方面企业和生产流程为了转换成电能不断进行同步建设。

在企业和工厂中，很多公司对电力的应用差别非常大。有些企业毫无改变，对电力的好处视而不见；有些企业则改变很小，对已有的设施进行边缘化调整；当然，有些企业进行了较大的改变，拥抱了电力的潜能，但是和电力分组驱动一样，它们的做法想象力有限、投入的资金也很有限。然后，我们有了纯“电力化”的公司，这些企业为新时代而建，理念和操作系统都建立在新的动力能源的基础上。在这个时期，充满了迷茫，共识很少，选择很多。没有最好的做法，只有大量未经验证的算法和新理论。这种迷茫导致了咨询顾问的出现，公认的第一家管理咨询公司在 1890 年由小亚瑟建立，主攻技术研究，随后成立了众所周知的“管理工程学”专业，然后演变成了我们今天所知道的管理咨询顾问。公司招聘专家和高薪员工，评估电力的潜在影响，然后根据这些推动企业进行转型。

在这个时期，充满了不确定和非标准化。为了更大限度地利用电力的潜能，我们需要新的规则、共识和协议。在英国，1926 年的供电法引导了国家电网公司的成立，使国家的电力供应变得标准化，并成立了第一个同步交流电网。

但是有很长一段时间，由于电力是新事物，令人感到迷惑和不解，人们并不认为电力特别重要。有一点儿像今天的互联网，人们仍然只是认为它是个好东西，而并非人们的基本权利。直到 1934 年，公共事业控股公司法认为电力公司和天然气、水、电话公司一样重要，属于公共物品，概述了对电力公司的限制，并制定了电力公司运营的监督管理机制。

正如在第 2 章中讨论过的，在家庭、中小学、大学、医疗和很多其他领域，电力引发了新器械的大量涌现，引发了新的生活方式以及对于世界和女性进入劳动力市场的新思考。这个时期充满了很多重要的争论，关于社会性质的变化、关于性别角色模型的改变，引发了很多有关人性本质的重大哲学问题，还有很多人抵触改变，希望回到更简单的时代。有很多人害怕丢掉工作，还有很多工人抗议。工艺运动的诞生，正是一次反对横扫式的标准化和手工实践丢失的一次起义。在好几个完整的时期，人们觉得，新科技的破坏性远远大于它带来的好处。而对于那些抢得先机的人来说，他们的财富大量增长，社会结构、工作的价值和意义都有了巨大的改变。这是两个世界的战争！

人们对于新科技的接纳程度不同，而且新科技在地理、人口和文化上的分布也非常不均。在这种背景下，我们主要讨论这些改变的含义。电力花了很长时间才推广到全世界，走进发达国家，应用到不同的领域和不同的使用案例中。图 3.2 显示了 n-gram 语言模型中，英语文集中提及电力的趋势线。很明显，在 1870 年以后，电力是交谈中的一个重要话题，然后花了 100 多年的时间，电力才成了一件我们不再注意、思考、讨论和着手工作的事物。

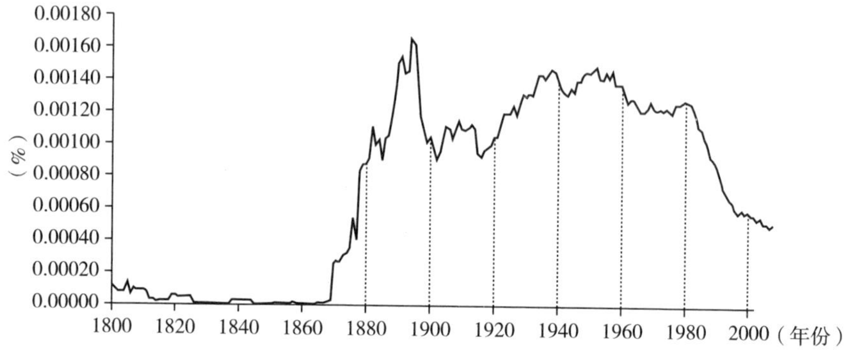

图 3.2 1800 年至 2000 年，英语文集中词语“电气化”的使用频率
来源：谷歌图书

后电力时代

建筑学中的后现代主义是由成长经历了现代主义建筑的一代设计师们发起的一项运动。这一代设计师与现代主义建筑关系亲密，且习惯了现代主义建筑的存在。对他们来说，现代主义建筑是根深蒂固且自然存在的，以至于他们不需要按照它的规则行事。他们不需要专门告诉别人他们了解现代主义建筑，但是大家都知道他们懂。这种自信和对现代主义建筑的了熟于心的理解，让他们可以随意、自信又胸有成竹地创造一个超越现代主义建筑的世界。所以，在本章当我用“后”这个词时，我想表达的也是同样的概念：一群人或一个社会足够自信和成熟，接受向前发展的理念，在世界上创造新事物，最后能够整体地回顾整个发展历程。

电力和建筑有着同样的分水岭时期。在电力出现很多年以后，我们曾到了电力不是个事儿的时期。电力不是为这个时期而设计的，它不只是“不新奇”，它是一切的前提。也不曾有电力的庆祝活动，就像氧气一样，它成了生活的自然需求。没有确定的时刻，新闻上也没有故事，也没有纪念日可以让我们庆祝，我们直接到了电力存在的明亮时刻。

当科技与背景融为一体时，它便是真正存在的。我们经常认为，那些与某种科技一起成长、自然接纳它并对它了然于心的人是“土著居民”，但是今天的我们并不是“电力土著”：我们已经超越了这一身份。今天的世界只有在电力时代才有意义。我们可以看到，公司并没有挣扎着进行调整，我们也不像说“金融主管”一样说“电力主管”，我们在股票市场也不会明确定义某些公司是以电力为中心的。没有可以争论的话题，没有新确定的标准，也没有因为对新动能的不解引发的法律案例。现在事情非常简单。现在不存在双重性，我们不可能同时拥有电力器械和蒸汽驱动器械。我们制造了这种局面，我们现在坚定地生活在后电力时代。

这三个时期的理论也被其他科技所证实。另外一个同类型的好例子就是发生在 20 世纪 70 年代到 21 世纪晚期的计算机化。

前计算机时代

在大型机和之后的个人电脑之前，贯穿商业、教育、家庭和交通等各方面的生活被后电力时代主要确定了下来。再一次，进步整体很简单，并逐步趋同，没有引发任何论战。管理咨询顾问帮助工厂提高生产效率，出现了像准时制生产和六西格玛的新理论，并逐步被完善。当你回头看这个时期，就会觉得非常有意思。人们在火车上拎着公文包去工作，使用静电印刷机而不是打印机，人们在世界各地可以打电话（从办公桌上！），而日程表依然在纸上。在这个时期，办公室就像站军姿一样整齐排列；控制系统则复制了军队的传统，有着非常严格的组织等级制度；基本结构则是交流起来既耗时间又费钱。

在这个时期，企业拥有很多可以被替代的形式，印章不只是用来盖章，还用来给内部邮件协议盖章。进步非常缓慢，改善也很局限：复印机稍微快了点，墨更便宜了，工作流程更好了，更便宜和更先进的计算器以蜗牛的速度在发展。桌面上摆满了收文篮和发件箱。这时候没有蓝屏，没有周末系统停机维修，没有服务器问题，也没有黑客丑闻；没有专门的电脑室，也没有信息技术支持功能。我当然不是说那个时候的生活更好，但是每件事情都在顺利而缓慢地有效运转。那时，生活简单、有效，但是，却将要经历巨大的转变。

中计算机时代

计算机的出现并没有让企业一夜之间发生改变，相反，却花了一些时间。和电力一样，很多企业忽视了它的出现，并且接受速度各异，不同公司、部门和国家对计算机的热情和了解深度也不同。也许正是因为这种不均衡，情况变得特别复杂。在这个时期，人们需要使用新技术，采购新设备，创建新系统。我们首先使用计算机对现有的架构和系统进行调整，我们不情不愿地新设立了一个信息技术部门，却把它完全变成了一个辅助机构。一开始我们需要计算机来适应我们，但是接下来我们却需要围绕它们进行改变。

所有的改变大多成了我们过去所有物的附加品，而不是替代品：我们仍然需要手拎公文包，使用纸质日程表，我们把电子邮件打印出来，我们依然使用内部邮件。随着时间的推移，人们讨论用新方式进行工作流程管理：邮件成了电子的，我们用数字日程表来邀请人们参会（仍然有人没有接受这种方式），我们使用局域网，人们可以使用手提电脑在家工作、保持联系。然后，再一次，情况变得极其复杂。我们对苹果电脑和个人计算机使用不同的协议，我们还使用不同类型的打印机。（还记得转轮式打印机吗？！）旧系统被新系统逐步替换掉，而不是推倒重建。这个过程很痛苦。实际上，比改变新科技更难的唯一一件事情，就是改变人们的使用方式。对这种情况，信息技术部门有个专门的词语 PICNIC，意思是问题在人而不在电脑，表达出了人才是实际拖后腿的那一个。

面对复杂的局面和诸多需要学习的新事物，我们直接复制了过去的结构。我们直接把旧系统拿过来，然后把它数字化。数字化物品的设计理念就是拟物化，即用数字世界中的物品代表它们在真实世界中的对应物。人们通过这种方式来过渡到新时代。邮件成了电子邮件，有“地址”和“收件箱”；我们用“文件夹”“回收站”和“桌面”等数字化的表达来对应真实世界中的物品；幻灯片像早期的幻灯机一样，一页一页显示；软盘表示“保存”；更神奇、更落伍的是，“回车”来自打字员对“车辆返回”的表达；更不用问，“抄送”的表达来源于副本。

人们缓慢地创造新事物。比如，零售商使用条形码方便仓库管理，却使结账变得更慢，但是在人们接受之后，结账又变得更快了。这些时期充满了改变和不确定，但也是管理咨询公司和专家获益极大的时期。因为，虽然计算机蕴藏的强大潜能显而易见，但建议一样必不可少。企业领导者因为太多难题而辗转难眠：需要什么样的新设备、新员工和新培训？计算机对个体企业到底意味着什么？哪些业务可以外包？在这个改变最大、极度复杂、充满潜力和恐惧的时刻，管理咨询公司为人们提供建议，收费很高，却也创造了有价值的优势。如图 3.3 所示，在这个时期，公司为了适应这种变化，在新的硬件和软件方面投资最多，并且投资额在 1973 年至 2002 年间达到了巅峰。

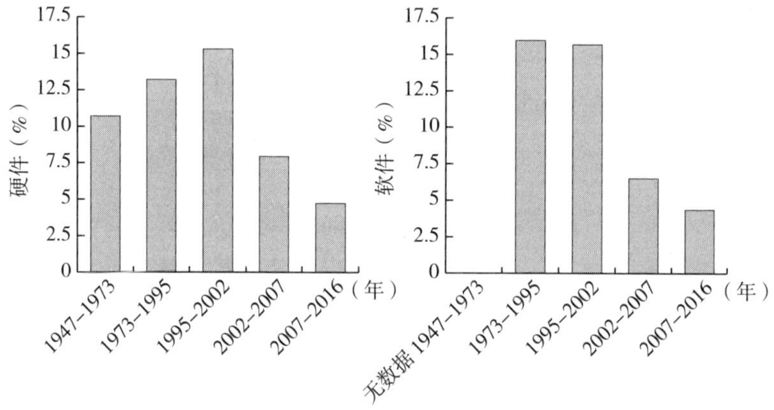

图 3.3　公司在硬件和软件方面的投资额

来源：经济政策研究所，http://www.epi.org/publication/robots–or–automation–are–not–the–problem–too–little–worker–power–is/?utm_content=buffer27c7b&utm_medium=social&utm_source=twitter.com&utm_campaign=buffer

但是，在同一时期，企业主要遵循的仍旧是过去的秩序和方法论。云计算并没有必然导向远程工作时代，额外的计算机能力也并不必然意味着中小学会使用电子书写白板。我们使用的纸张并没有减少，未来的无纸化办公也从未出现。相反，我们的生活另有一番模样。在这个中计算机时代，电脑非常显眼。大学和中小学都有很大的机房，所有的新奇都被集中在同一个地方，简直就是在炫耀。

后计算机时代

当我们仍然为很多东西不能正常运转而感到苦恼、需要手填大量的表格、等待无纸化办公的到来时，我们很明显处在后计算机时代。在这个时期，你经常看到零售商扫描物品，然后自动与库存链接，却看不到白领拎着公文包，满桌都是计算器。事情整体是正常运转的，就连我的苹果电脑都可以与我的个人电脑对话，它们都用谷歌驱动器，互联网则是把它们连在一起的强力胶。而我们所做的一切背后所隐藏的计算机能力则一直被忽略。

今天没有管理咨询顾问讨论电脑化策略，没有公司让员工为企业增加计算机能力。信息技术扮演的角色已经从未来的一份工作变成了一项辅助功能，维持现状而不是建设。我们不再有关于“释放计算机能量”的会议，它已经成了我们生存的世界的基础元素的一部分。图 3.4 展示了从 1800 年至 2000 年，在英语语言图书中词组“计算机化”的使用频率。从图中，我们可以看到，“计算机化”一词在 20 世纪 60 年代开始使用，然后逐渐从集体意识中消退。

当然，我们现在可以更好地使用计算机，但是，现在我们的焦点越来越集中在我们使用的设备的连通性上、在通过数据共享和处理实现自动化上。而所有的这一切，都是关于下一个时期的，即数字化时代。

周期缩短

在这个时候，注意变化的节奏就非常重要，因为这是区分对新科技的接受程度的重要特征。很多理论家都会谈到“四次工业革命”，但是每个倡议者对每次革命的描述和开始时间点都不相同，因此，有一个改变很难被忽略，即这些周期开始和结束的速度。

- 第一次革命：随着水能和蒸汽动能的出现，创建了很多大公司，实现了工业化生产。这一时期持续了一百年左右。

- 第二次革命：开始使用电力，并在电力基础上创造了新设备。这一时期花费了五十年左右。
- 第三次革命：完成上一次革命，使用计算机和自动化来提高生产率。到全世界完全接纳，花费了大约 25 年的时间。

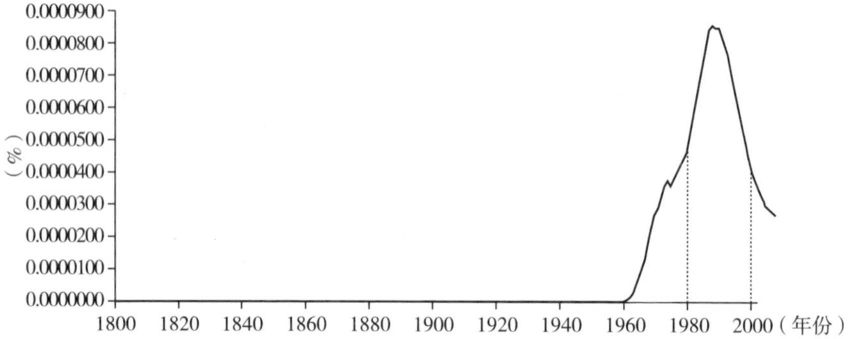

图 3.4　1800 年到 2000 年，英语文集中词语“计算机化”的使用频率
来源：谷歌图书

今天，我们生活在后电力时代和后计算机时代。我们不会去考虑一天中用了多长时间的能源，也不会去想哪些设备是电动的、它们里面有多少晶片，但是，我们却可能知道哪些或者说有多少物品是和互联网连接的。让我们来一起探索，在当下的革命中发生了什么：

- 第四次革命：数字化和连接的时代。

前数字时代

还记不记得有些时期设备只有一个功能？那个时候，媒体是物质的，科技并行不悖、很少交互混合。零售要么是在实体店，要么是邮购式家庭购物。当然了，如果你没有耐心，可以用电话。“现在请拨号，如果在线繁忙，请稍后再试”，“请允许 6~8 周的快递时间”。

特定的媒体频道固定显示在我们消费的设备上，比如电视、报纸、杂志、收音机等，不存在模糊地带或重叠。你在电视上看到的内容在你所在的地区同样适用。钞票和硬币是我们在世界上花钱的主要方式，我们也有信用卡、复写纸、支票簿以及人们慎重对待的白条。但是，我们对科技的使用并不复杂。

也许，当时看起来并不是这样，但是现在回首看，那时的生活确实很简单。进步虽然很稳定，但却主要是线性的。当然，事情也改变了：录影机变成了刻录机，磁带被激光唱片所取代。邮购式购物虽然好了一点点，但实质上却像个百岁老人一样陈旧。改变都很微小。零售现象和物流供应链没有变化，没有耳机更新软件，电灯开关也不需要固件闪存。这是一个没有连接的世界，在这里，你的烤面包机不会停止跟你的茶壶对话，因为它们从未开始过，也没有条件和环境让你可以开始用你的烤箱。

因为胶片的存储数量有限，所以我们会关心都拍了什么照片。把照片打印出来是我们可以查看自己拍摄内容的唯一方式，而这又贵又浪费时间。这是一个物质化的世界。人们买车会考虑它的外观、路上开起来的感觉和制造工艺。性能和改善都是非常有形的：一个更好的电视就是一台更大、像素更高的电视，更好的扬声器就是声音更大、低音更重。当物品越来越老化，从收音机到汽车到相机，物品被用烂、变得更糟，磁带乱七八糟，光盘满是划痕，这就是同一时期的另外一种生活。

我们不得不生产更多东西。没有相机，你拿什么来拍照；没有电视，你什么也看不了；没有录音机，你就听不了本地新闻。当我们把很多可支配收入花在这些物品上时，一点儿也没觉得奢侈。因为这些物品的功能重叠很少，所以每一件设备的好处都是简单明了的。

中数字时代

最初，前数字时代发展得非常缓慢。产品实现数字化，照片变成字节，纸质的百科全书变成了刻在光盘上的电子百科全书。一开始，改变并不巨大。光盘从技术上来说是数字的，但是人们从性质上却觉得它就是一件物品。租赁一份录像带和租赁一份光盘的行为并没有什么区别。我们仍然生活在一个对很多事情的选择都很局限的时期，对零售商来说地域还是很关键，配售费用仍然是关键成本。

互联网开始改变一切，但是我们仍然从后视镜中看着过去。电话本不过是在线的目录，网站也不过是打印出来的杂志而已。新闻不过是我们知道的一切的“数字”纸版，我们把同样的内容放到“网上”而已。

这个互相连接的世界让一切变得更加复杂，也引发了更多的挑战。现在音乐或录像只是服务器上的数据而已，并不是你可以触摸到的光盘，这使收费变得更难，也摧毁了整个生产、发行和零售产业。现在，航班、酒店、保单和几乎所有我们拥有的东西都可以与网上进行对比。忽然间，小市场消亡了，出现了一个开放的、全球化的市场。原来某些企业因为信息不对等而获益，而现在，这样的企业不复存在。中数字时代见证了很多公司的消失，尤其是那些中间商。我们为什么还需要百货公司、明星经纪人、唱片公司、旅行社或保险经纪公司？它们没有存在的必要。人们已经感受到了重建的必要性。百视达被奈飞所取代，柯达尽管发明了数码摄影却最终迷失，诺基亚尽管是智能手机的先驱却最后成了边缘企业。在这个时期，现实对于行业先驱或者领军者并不友好。这一时期充满了迷惑和不确定。新闻和杂志面临着最艰难的挑战，它们发现很难通过在线广告赚到钱，却又不敢对内容收费，因为人们希望所有东西都是免费的。

互联网的早期阶段对很多企业来说都是残酷的。我们全都没有找到创造价值的方式。我们生活在前数字时代的基础、原则和环境中，只是被即将到来的潜力装饰了一下。我们直接把过去的观念拿过来，塞进未来这个容器中，而其实一点儿都不合适。对现任公司、品牌和管理者来说，这一时期简直就是一个噩梦；而对律师和咨询顾问来说，这一时期简直太棒了！

我把这种状况称为“复杂巅峰”。我们现在处在中数字时代。这个时代的数字是一种能源，是一种颠覆性的力量，是对于改变的百感交集，是复杂的加速，是公司为过去的利润率而奋战的压力，而这，就是我们现在所处的时代。我们生活的各个方面都很复杂，而我们却试图视而不见，因为我们已经沉迷在了新事物的美妙中。

在 2005 年，我一觉醒来，会收到大约 50 封电子邮件和 3 条短信。我那时有一个私人电子信箱、一个工作用电子信箱和一部电话。因为利之所趋，今天所有的应用程序都与金钱挂钩，都可以发送信息。虽然我们联系的人数是固定的，但是我们却需要通过 Yammer、多宝箱、Slack 和 45 个其他的收件箱来查看信息。我们需要思考的不是要跟谁聊天，而是怎么聊。在这个时代，认知负担越来越普遍，机会流失也越来越普遍。英国广播公司不能在英国之外播放任何内容，因为全球使用权还不明确，尽管互联网已经流行了 10 年以上。

支付系统也没有什么意义。你随便问任何一个城市的出租车司机能否用信用卡支付，他们要么戏谑地说“当然可以”，要么认真地说“当然不行”。在美国雄鹰（美国航空的区域品牌）的航班，你只能用现金支付（不能用卡），但是，在美国航空的航班，你却只能用卡支付（不能用现金）。虽然你可以授权使用包含你指纹 30000 数据点的指纹身份识别感应器进行支付，但是你依然需要用笔龙飞凤舞地在纸质收据上签字，以避免诈骗。在这个时期，数字化的初期问题和势力范围的战争束缚了我们的体验。脸书想让你一直使用它们的应用程序，亚马逊智能音箱不想播放 YouTube 上的内容，谷歌家庭和苹果也不是很兼容。有些零售商不接受到付或者实体店退货。在其他商店，如果你想知道某件商品有没有现货，它们也许需要给所有的分店都打一遍电话才能确认。

最重要的一点是，我们对新技术有着美好而惊奇的憧憬，而这一愿景建立在过去的地基上。网站一开始看起来很棒，但是点击不了 4 次，你就会回到老的后台系统，尽管它们希望你永远找不到。有些针对公司用户的手机应用程序很棒，很明显是由更好的团队设计的，并且投入了大量资金，甚至比改造一个笨重的网站花费还要多。航空公司为飞行员提供平板电脑，以提高他们的公文处理速度，但是，他们仍然需要把很明了的公文点阵打印在蓝色电脑纸上。在这个时期电视频道的概念和电子编程指导毫无意义：对年轻人来说，无关紧要的两件事莫过于节目的监制公司和播出时间，但是这两点在过去却是观看电视节目的导航。

是什么把所有这些死气沉沉的体验与所有能感知到的错误结合在一起，又是什么比较明确地指出了未来的方向？是因为到目前为止，我们只是转换了前数字时代的观念，拉着它从数字镜头中走了一遭而已。我们把每一个行为、产品或者实物商品直接拿过来，然后几乎原封不动地进行改变。我们只是把旧的改道至新的，我们只是把老的从新的框架中过了一遍，从来不重新思考其他可能性。第一个收音机节目是读报纸，早期电视节目是对着摄像机镜头表演，早期的网站是数字化的报纸。实际上，如果批判性地看，现代社会的大部分几乎毫无变化。今天我们看到的一切不过是过去的重复，是在老的基础上添加了新科技并逐步改善的结果。

这也就解释了，为什么网上购物一方面看起来既崭新又有创意还很巧妙，另一方面却恰好与过去时代样本的选择和设计架构完全相同。我们现在看到的依然是20世纪60年代的目录购物，只不过是通过网站，而且多了电子邮件功能而已。围绕科技本身的可能性我们可以做些什么，想想都觉得兴奋。我们会如何重构网络购物？汽车保险会变成什么样？人们怎样支付最简单？这些都是商业中最美妙的时期。

也是在这个时期，为了回答上面提到的部分问题，公司招聘“数字主管”来倡导新观念和新科技。这一现象在无数的文章中、在热门话题中、在贴满了颠覆的标签中、在繁多的会议中得以见证。

后数字时代

第一个互联网时代：将已经存在的界面数字化（目录报纸）。现在：创造应该存在的。

——利维，2014

苹果最近新研发的面部身份识别系统是使用一台摄像机来突出和分析人们面部30000个以上看不见的点，从而抓取准确的面部数据。它可以自动适应人们的面部变化，比如化了妆或者长了胡子。这是一个非常先进的东西。

与此同时，虽然看起来没有联系，美国出于安全考虑，准备花费500亿美元建造一座高墙，将一些人拒之门外。为了回到美国或者英国或者其他任何一个国家，你需要提交一份申请和一份不知有没有微型芯片的护照。一名入境海关官员会看着你，然后确定你就是那个人。目前的这个全球人员流动系统，每年要花费成千上万亿美元。它存在的基础不过是人们和自己的照片有点像，却使人们不得不拿着纸质的小册子到使馆获取其他一些纸张放进去，然后盖上章或者印泥。

我不知道你会不会感到吃惊，但是让我觉得有点奇怪。想象一下，有这么一个系统，可以记录人们的面部信息，拥有一个全球的数据库，有签证作为数据许可储存在数据库中心，再也不需要人们带着护照，是不是很有意思？！虽然有很多人想到这一点觉得很可怕（在本书中稍后会探索隐私在未来的角色），但是也很难看到未来我们有更多的隐私，因为世界在前进，而且考虑到这一切即将带来的好处也会觉得很有趣。这么考虑可能会很好玩：如果我们不再需要登机牌，即纸质登机牌的数字对应物，除了脸以外什么都不带依然能登上飞机？或者我们不再需要携带信用卡，因为我们的支付是和我们的面部或指纹连接的？我们习惯了把数字化的观念添加在那些过时的设备、纸质门票、护照和登机牌的上面，而不是重新思考建立一个全新的系统。

我们一直在犯这样的错误。我们一直把新科技添加到已经破碎的系统上。对银行来说，它们很容易就意识到了支票存储起来比较讨厌，所以它们制造了支票扫描应用程序，但是这种对技术的思考方式本身就是错误的。我们制造出可以砌砖的机器人，但是我们难道不是应该想出一种全新的建筑方法吗？这一切都显示出，困难的是重新思考流程，需要改变的是基础系统。

在这个后数字时代，我们考虑的是科技时代中的人，而不是科技本身。实体零售将彻底被改变，因为在线购物意味着人们希望更快地发现想要的物品，以及与之并排的商品，同时不用排队支付。

我们将会生产出更好的产品，功能比它现有部件加在一起的还要大，就像 Nest 恒温器。它不仅是第一台非计算机科专业人士也可以操控的恒温器，而且是一台可以自己学习、更有效的恒温器，而你什么都不用做。

后数字时代将会非常美妙。和前数字时代一样，在这个时代没有人会想到“数字”。这个概念将会转移成背景，像氧气或电力一样，我们会觉得数字有革命性但是跟我们没有直接关系。将不会再有“首席数字官”，就像今天“首席电力官”不再存在一样。

在后数字时代，数字科技将会组成生活背后的网络，包罗万象，宽广又安静。互联网将会成为背景性的工具，只有当它缺席的时候，人们才会注意到；智能家居有效运转；录像机跟着我们行动；内容也将收费……所有的一切都毫无瑕疵、不费力气。

我们不会再讨论电视播放和在线观看的区别，也不会争论手机和电脑哪个更好；零售商也不会再注意网上销售和实体店售卖的区别，它们将只在乎销量；广告将以人为中心，全方位、持续不断地向人们展示使用成效，以鼓动人们进行购买；内容也将不再受国界的限制；即使货币或语言这样的现代概念在生活中变得不再那么重要。

在后数字时代，也许我们不用再为了读书建造图书馆，而是努力确保每个人都有一部智能手机。人们将成为数字时代的土著。父母不会像现在这样担心孩子们使用新科技。孩子们将会像小宝宝一样本能地使用新科技，并继续发展和培育新科技，与科技一起成长。也许那时候最模糊的界限将是在现实与虚拟之间，我们对真实的感觉、对时间和地点的感觉，理解起来将会更为复杂。

企业如何撬动数字时代

苏醒过来，情绪高昂，进行改变

让我们超越自己。互联网和智能设备并不是什么新生事物。但我们却一直自欺欺人地告诉自己：我们没有认真对待它们，是因为这一切都发生得太快了。那些已经接受了贝宝、苹果支付或者 Klarna 等应用程序的零售商，却无法使用身份识别系统进行登录；那些不使用电子邮件与消费者进行接触的公司，只会说：来来来，每个人都赶紧过来。我并不认为，这些公司对新科技有任何兴奋的感觉，它们一直在磨磨蹭蹭、止步不前，这些公司并没有意识到新科技对它们有多重要。如果一家银行多年以来都是光滑的大理石地面和夸张的希腊多立克式圆柱，它们怎么可能没有意识到，网上银行其实同样反映了它们的身份？很多银行的数字系统给客户的感觉，就像这家银行是荒地中间的停车场里的一辆废车。

简化产品

我们常常懒于行动却想要一切新东西。有的公司想向全世界展示它们掌握了虚拟现实技术，就创造了虚拟现实眼镜进行体验；它们告诉商业杂志，它们对聊天机器人的接受速度很快；它们想把一台 3D 打印机放在商店里，通过这种动态地表达个人体验来进行广告推销。但是，消费者真的在乎吗？对他们来说真的有区别吗？在复杂的时代，人们追求的是简单。如果航空公司的应用程序告诉你，90% 的航班是准时的，而 10% 的航班延误率，并不会让你觉得欣慰，那还不如不知道呢。如果你是苹果公司，不要生产带 USB-C 连接器的电脑，但是手机充电却一定要有昂贵的加密狗。在这个极度复杂的时代，公司一定要提供足够的体贴，站在消费者的角度去考虑，把简单的东西做到极致。不要生产任何不能帮助人们的产品，不要过度承诺，处理好消费者的期望。

围绕可能性进行建设，而不是围绕过去

我们从过去吸取的主要教训是我们的肌肉记忆对过去的依赖太强烈了。第一艘蒸汽船还带有航行的桅杆，因为过去的船就是这个样子的；第一架无马马车和马拉的马车完全一样，因为制造者只知道这么造马车；第一块数字手表的广告显示的时间还是 10：10，因为这个时间看起来最有吸引力。简直让人难以置信，我们总是把新事物建立在以前事物的基础上，而不是重新思考。

想象一下，在 20 世纪初，如果有人在完全了解发动机、传输系统、内燃机和其他更多先进设备的情况下，看到了一辆马车，肯定会想：应该有更好的方式。想象一下，他们想用已有的知识创造出一个更好的车辆版本，却毫无想象力。他们不会改变车辆的样式，只会锻造出一匹巨大的、先进的电子机器马来拉这辆车。这是在用一种蠢得让人吃惊的方式来重新思考汽车，但这却正是世界上大部分改变所使用的方式。

我们的目的是忘记之前的一切——不要把新技术应用在已经存在的解决方案上，而是重新思考在后数字时代的背景下，我们如何创造公司。

快速建造数据解读能力

后数字时代会有更多的数据被我们更加快速地获取和加工，并从中获取更多信息。这种情况虽然令人兴奋，但是我们却需要更加小心。我们今天所获取的数据量的增长速度已经远远快于公司的整体数据解读能力的增长速度。很多公司有了太多的数据，把它们储存在很多地方，也不“清晰”。而且，当人们利用这些数据做决策时，常常会发现它们帮不上什么忙，反而让人更困惑。我们需要确保公司创造了一个以消费者为中心的核心数据战略，这些数据不但有帮助而且超级安全，来确保公司内的所有人都可以使用这些数据。

但是，如何正确地使用数据？现在的决策不同以往，从根据感觉做决策转到了根据数据做决策。人们有这么一种顾虑，即数据从来不是完全客观的，它反映了收集、过滤和提供数据的机构。常常，数据所表现的内容是最容易衡量的，而不是最重要的。因此，公司优先改变的往往是那些它们可以最快改变的和最易见到效果的方面，而不是那些真正关键的方面。

更重要的是，数据并不能反映出这个世界的细微差别和丰富性。如果只是放在一张电子表格程序里，纽约宾州车站的凄惨状况和纽约中央火车站的庄严雄伟就完全看不出来。在电子表格里，它们都在曼哈顿，都是很大的火车站，都占据城市的好几个街区，都有地铁和通勤线路，它们在每一个方面都很相似，但是，现实的感觉却大相径庭。因此，我们要小心这个世界上用数字做出的评估，真正的生活在这些参数之外。

参考文献

Levie，A（2014）

The first Internet era：digitizing interfaces that already existed（catalogues newspapers）. Now：creating the ones that should have existed，14 July，available from：Twitter.com（参考日期：2017.12.7）

04 释放范式转换的力量

世界上最好的剑客没必要害怕世界上第二好的剑客，他应该害怕的是那些从没摸过剑的无知对手，因为他们毫无章法，会让专业剑手措手不及。

——马克·吐温，1889

引用的这句话，恰如其分地阐释了颠覆的本质。很有意思的是，这句话并不来自科技博客的创始人，也并不出自硅谷的风险投资家之口，而是来自 120 多年前的一位作家对中世纪冲突的感慨。有时候那些一流的企业看起来既无知又有对抗精神。

在 2007 年苹果手机发布时，它既是那时世界上最好的手机，也是苹果公司的第一款手机产品；戴森的第一台吸尘器也曾经是最好的吸尘器；托尼·法德尔制造的 Nest Lab 公司的第一台恒温器，很显然也是当时世界上最好的。

从特斯拉的第一辆车确立了整个汽车产业的标准，到优步的第一个出租车企业，再到亚马逊第一次在零售行业的尝试，让我们看到，真正的改变出自那些从没干过这行的人。脸书是迄今为止世界上规模最大、效益最好的媒体运营商，它的CEO之前却从来没有在媒体公司工作过一天；特朗普在政坛的第一个身份就是自由世界的领导者：他打破规矩，没有让自己对管理和政治的无知或者政客的刻板印象成为他的拦路石。以上案例引发了一个重要的问题：这些企业或人士能够成功地改变游戏规则，他们缺乏经验，还正是因为他们缺乏经验呢？

为什么美国太空探索技术公司做到的远远超出拥有悠久历史的美国宇航局？为什么搜诺思在索尼和博士之前制造了可以连接的音箱？为什么电车公司没有发明超回路列车？为什么不是一家直升机公司发明了第一架可以承载一人的无人驾驶飞机？为什么不是与客户有金融关系的银行或移动运营商发明了苹果支付？为什么在苹果发明了智能语音助手Siri多年之后，是亚马逊发明了智能音箱？今天增长最快的电视节目是HQ Trivia，它既不是电视公司制造的，也不在电视上播放。情况改变了。

人们很容易认为这是一种生存偏差，认为是胜利者撰写历史，认为运气至关重要。所以，在本章中我们将对这种现象一探究竟。这些公司都有些什么出色的表现？为什么专业技能看起来没什么帮助？这种颠覆意味着什么？最有用的一点是，今天的公司面对这种情况能做些什么？

颠覆的新理论

今天我们讨论颠覆时，很自然地，我们会回想起克莱顿·克里斯坦森在全球范围内广为人知的观点，即颠覆说的是那些通过使用新技术降低产品价格，从而削弱传统企业的公司。

这种观点的基础是：那些被颠覆的公司因为太过成功，因为投资太有效，以至于从生产中赚取了最多的钱；因为做得太好了，所以它们从来不去探索不同的运营方式。正是这种开心的自满让它们不堪一击。

而另外一类公司则是用一种新的科技形式、以低得多的产品价格，进入一个看起来似乎不同的市场。新的市场进入者快速或者缓慢地在质量或功能上提升，从而破坏了已有企业的成功。例如，我们可以看到《不列颠百科全书》昂贵但精美的皮革书是如何被维基以网络为基础的资源共享产品快速破坏的；我们可以看到柯达是如何在胶片制造和加工过程中赚足了钱，以及当它们意识到数码摄影的重要性时，这已经成了它们不想面对的棘手问题。

这种观点的精神实质是一种非常关键的因素，即其他公司使用了不同的专业技能、以不同的方式看待事物，如果把颠覆定义为来自下层的推动是非常有误导性的。我觉得，认为颠覆者一开始提供质量较差、价格较低的产品的想法是完全错误的。

优步从来不是一种更便宜的打车方式，它其实是以一种更加方便获得更好、更昂贵的交通方法。特斯拉的车不管是买还是制造都没有更便宜，但是它们却在改变整个汽车产业，因为它们改变了一切，从车辆的设计、制造，到销售和维修。它们正在缓慢地改变整个汽车产业，不是以一种更便宜或者从某些方面破坏已有企业的方式，而是以一种重新想象这一产业的每个组成元素的方式。

爱彼迎也许在改变酒店产业的很多方面具有“颠覆性”，因为它的产品极为不同，它的目标人群是那些希望居住空间更大、更私人化的人，他们想拥有一种真实的生活体验。在很多情况下，人们愿意花更多的钱住在一家爱彼迎的房屋里而不是一家宾馆。

从奈飞到脸书到亚马逊到阿里巴巴再到世界的很多方面，那些发展迅速的公司大多是因为做得更好，而不是产品或服务更便宜。它们创造了更好的消费者体验，提供了更快的物流，让人们可以做到更多，帮助人们得到自己想要的。克莱顿·克里斯坦森的理论无法解释为什么 Nest 可以通过制造贵得多的恒温器而成为一家市值 32 亿美元的公司，也说不清楚为什么戴森吸尘器可以在 2002 年以高出市场平均价两倍的价格进行销售，并依然占据今天的大片市场。

他的理论也解释不了为什么 Zipcar 可以侵蚀汽车租赁市场，以及为什么维珍航空、红牛、Slack 或者瓦次普可以繁荣。颠覆理论解释不了 Skype、阅后即焚、Buzzfeed、DJI 无人驾驶飞机、WeWork、Vice Media、蓝围裙、ZocDocs、Stripe 和很多其他现代现象的兴起。

看起来，“颠覆”的理论建立在从非常窄的时间窗中挑选的数据基础上，建立在一个生产物质性产品的线性世界的基础上，它的案例来自于 40 年前的数据存储技术和开发者设计模式。

以这种方式来思考技术是有害处的。企业把思考建立在克莱顿·克里斯坦森的理论基础上，限制了企业看到和开发更多令人兴奋的可能性的需求和能力。把思考聚焦在科技可以让我们制造出什么和消费者真正梦想拥有的是什么，将会让我们拥有更多的主动权、更激动人心和更有利可图。

与其幻想着其他公司以更低价格破坏你的企业，最好把精力集中在做更多事情上。我们需要颠覆精神使自己变得更加积极、更加创新，而不是满是猜疑和防备。

颠覆已经成了一个被滥用的词。它成了新闻发布会的常客，成了关于未来的疯狂视频的标准发布措辞，也成了幻灯片内容的基本素材。所以，尽管当我想到克莱顿·克里斯坦森的定义对现代社会不再有用，我依然怀念那时颠覆是一个有意义的词语的事实。

范式转换的力量

特斯拉如何在只有不到 10 年的汽车产业经验的情况下，制造出了比任何其他已知的公路汽车加速更快的汽车？埃隆·马斯克到底是谁，他怎么能够进入航天领域，做出皆知不可能的事情？要想和那些拥有最好的电气发动机的大型全球汽车公司竞争是需要厚着脸皮的，而这也强化了这些大公司认为特斯拉所做的是不可能实现的观点。在竞争者的汽车生产经验是它的十倍多的情况下，特斯拉 S 型 P100D 是怎么打败那些价格是它的十倍多、空间却不到它的一半的汽车的？它们怎么能生产出一辆越用越好、软件可以一夜升级的汽车？特斯拉 S 型看起来和那些慢得多的汽车完全不同，它可以乘载 5 位成年人，它的车身也不是紧贴地面。这辆车几乎打破了几十年来形成和总结出来的行业规则。本章将探索一种全新的方式，来思考进步和商业颠覆，并为之创造一种新的理论。

“范式转换”这一词语是由汤姆斯·库恩提出的。库恩是美国的物理学家、历史学家和科学哲学家，他在 1962 年写了《科学革命的结构》这本书，并在书中首创了词语“范式转换”（Kuhn，1962）。

库恩的这本书聚焦在科学知识的发展方式方面，它讨论了一个观点，即世界已经固定不变，并以这一特定方式在汇集和排列。通常，有一个信念，或者观点，或者普遍真理，来帮助人们理解世界。在任何时候，这些信念建立的基础是一些大部分人认同世界已经是固定不变的前提。

然而，有时候，会有新的突破挑战我们之前所认定的一切。在这个时候，很明显，我们认为已知的一切、已经确定的每一个特征和变量都不再是那么回事了。正是这种从一种转换成另外一种的看事情的方式被称为“范式转换”。

比如说，在宇宙学的领域，我们以前认为地球是宇宙中心，这种托勒密的自我中心的观点被普遍接受，直到哥白尼证明太阳是太阳系的中心，又称作太阳中心说。

可怜的托勒密现在经常被作为伪科学的典型和非理性思考的危险代表。这其实并不公平。那个时候，没有望远镜，数学发展有限，几乎没有人能达到托勒密的知识水平，他已经用了他能用的设备，并进行了合理的假设。他的理论和方法在那时并没有什么错误。而这正是范式的危险所在：我们做得更多的是努力理解它，而不是破坏它。人性惯于简化事情。我们喜欢自己是正确的，也很喜欢每件事情都有意义的状态。我们很不愿意接受自己是错的或者可能有更好的方式。在生活中，经常是成为错的那个比较好，同时也让别人成为错的，而不是努力奋斗成为更好的或自己一个人孤零零的正确。这种感觉，大部分公司都有。

库恩的范式理论虽然整体上只适用于科学信念，或者看世界的方式，但是，在那些认为前提固定的人群中间，在他们被别人撞碎和很大的进步出现之前，这种紧张的观点还是有价值的。我想把这种机制应用到推动创新和发展设计方面。我想解释企业中的哪种颠覆是向新的范式飞跃，这和库恩的理论非常像。

设计成进化漏斗

如果你让一个人用任意工具来画一个中等的东西，他们会呆住。如果你让一个平面设计师设计一个徽标，并且不给他任何信息，他就什么也干不了。如果不给一个建筑师设计的要点或预算，不给广告公司的创意人士需要解决的问题，情况也是一样。设计需要限制。所有的设计都必须由元素来展现。

但是，如果你让一组人随意画一个房子，大部分人画的东西都会非常像小孩子画的，而且特别相似。因为，对于房子应该是什么样，应该怎么画，在纸上它应该有多大，以及应该从什么角度看它，我们的脑子里早就已经固定了这些概念。房子应该是什么样这种先入为主的概念，建立的基础是我们认为事情应该怎么做和以前是怎么做的。

在设计的时候，我们做的假设比我们意识到的东西还要多。它们也许来源于我们的发明、我们对过去的记忆、集体思维或者很多其他不必要的固定标准。这是很自然的。在这样一个非常复杂、我们不得不努力去理解的世界，我们不可能持续不断地挑战所有事情。我们不会早晨一觉醒来，然后不确定我们是否要接受重力的存在。如果是这样，那就太让人疲惫了。而且你也不可能关注所有的事情，如果你在设计一个新的沙发，你不可能是一个皮革鞣制和人体工程学的专家，然后还要仔细思考你设计的石墨烯（一种令人难以置信的柔韧物质，却比钢要坚硬 200 倍，而现在不可能使用）新产品的含义。

在某些系列假设的基础上，建立了一个反复得到验证的流程，结果后来的任一设计都遵循这一流程。通常我们始于一个目标、问题或者摘要，然后我们开始基于设计标准进行选项探索，而后，随着时间的推移，我们逐步地或者逐个地对设计进行提高和完善。这个过程常常并不是一帆风顺的，进展常常慢慢停了下来，或者是走进了死胡同。整体来说，朝着更好的解决方案的进展一开始是非常快的，改善的效果明显，慢慢地，就会收益递减，产出相对较小的增长。

这一流程中非常关键的部分是，随着科技的成熟，它越来越趋于集合所有相对相似的最优解，如图 4.1 所示。今天，所有的网站看起来比当初人们设计它们的时候相似多了；因为信息共享，今天所有的酒店房间也看起来特别相似；移动电话以前看起来完全不同，现在却一个样。设计就像进化，我们通过不同的方式进行缓慢地变异和调整，但是最后它们却变得更加相像。如果整容手术继续像今天一样，想象一下未来会有多少人有“完美的鼻子”。最后，当所有事情都转换到一个人们接受的最优解的时候，一个范式飞跃就会出现。这时，假定参数将会变成新的参数，一个对新的最优解的需求将会开始，正如图 4.2 所示。

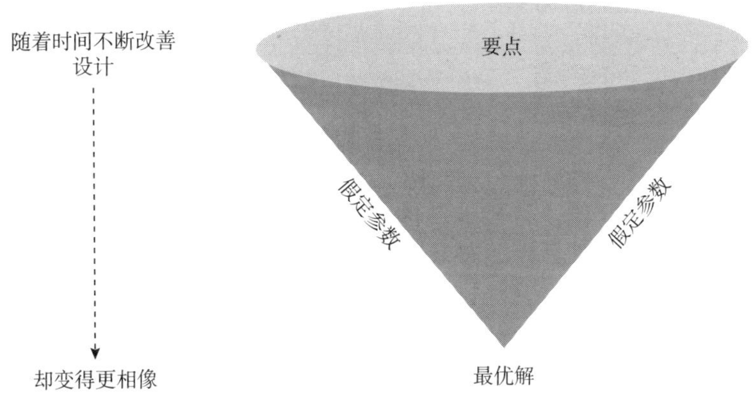

图 4.1　从一个要点到最优解

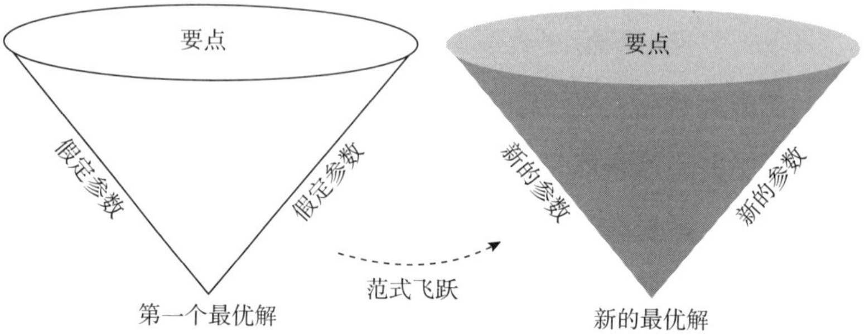

图 4.2 从一个要点到新的最优解

这些公司所做的就是释放范式转换的力量。它们从一个充满可能性的世界跳跃到另外一个，从一个范式到另一个，到一个建立在全新的思考世界的基础上的最优解。这就是范式飞跃，这就是颠覆的本质。

避免局部最大值

如果你愿意，可以想象一下，你在一个比较平缓的山丘上行走，而且四周雾气弥漫。因为某些复杂的原因，你被告知要尽你所能找到最高的那座山。你很可能会四处张望，发现一座看起来最高的山，然后走上去。不管什么时候，你的目标最后都是走到更高的山上去。如果天黑了，你唯一的导航设备就是跟着你的感觉往山上走。这确实是一种到达某个土堆顶点的确切方法。但是，你永远都不会知道，这个土堆的顶点是不是这整个地区最高的山，或者说，它只是你能看见的唯一一个。

这就是局部最大值和总体最大值的差别，是设计中存在的一个重大难题。在生活中，我们不可能看到所有的选项。我们不知道，材料学蕴藏哪些可能性，新观念将会如何发展，以及社会将会如何变化。我们只能根据我们所看到的方向前进。这个流程正如图 4.3 所示。图 4.3 展示了局部最优设计和总体最优设计或者最大值之间的差异，以及它们之间的距离。

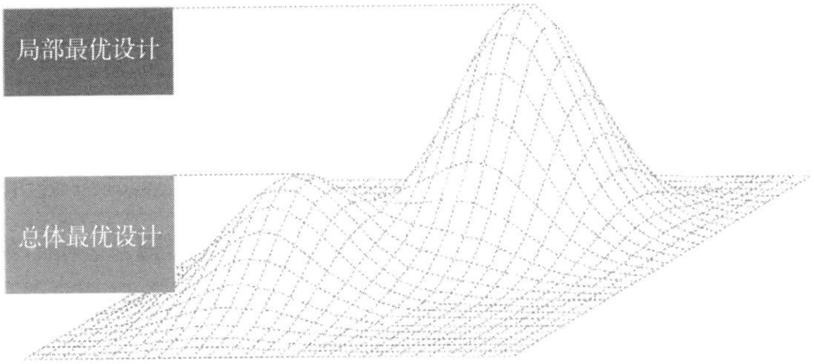

图 4.3 局部最优设计和总体最优设计之间的距离

一直以来，我们认为电视信号最好通过电磁波传送；认为短距离通信（NFC）卡是解决地下系统售票问题的最好方式；认为内燃机汽车是未来的发展方向；认为磁共振成像是身体扫描的最好方式；认为核聚变有一天将会是获取能量的最好方式；认为磁悬浮列车将是我们四处走动的最好方式。但是，现在我们却不敢这么确定。

也许有更好的解决方案，也许有一天当我们登上这些山丘的顶点时，我们意识到应该探索另外一条路线，登上一个完全不同的山顶。正是有人到达了其他山丘顶点的经历，完美地诠释了今天颠覆的动力源头。具有颠覆性力量的公司正是那些选择了一条不同登顶之路的公司。它们看到的风景不同，并从另外一个角度来解决问题。人力飞行的先驱不是航空专家，也不是热气球驾驶员，而是自行车工程师。载人无人驾驶机的先驱不是直升机制造者，却是中国的玩具公司。我们需要深入地探索这种颠覆的动力，研究应对的举措。

行动中的范式飞跃

1979 年 7 月 1 日，第一台索尼随身听投入市场，开始了音乐播放的新时代（Haire，2009）。索尼因此创造了历史上第一台私人音乐播放器。我们现在可以随身携带喜欢的音乐，而不是带着以前那种把胳膊累酸的音响。这种改变所费不菲。第一个私人磁带播放器是个大块头，费用根据今天的汇率相当于 500 美元，音质很差，经常卡壳，电池寿命很短，而且最差劲的是，竟然没有倒带功能。我们不得不把磁带绕在铅笔上进行倒带。现在回头看，会觉得当初我们购买磁带专辑的行为和想法特别有意思。而当时这种新产品相当成功，在日本上市的头三个月就卖出了 30000 台（Adner，2012）。

几十年以后，随着索尼和其竞争者投入大量的研发资金，并依据消费者的反馈，产品质量变得更好了。例如，Soundabout 首先投入美国市场，很快转成随身听，然后提供很多颜色的选择。在竞争激烈的市场中索尼遥遥领先于对手。在第一台设备出现十年以后，尽管竞争者环伺，索尼的随身听仍然在美国有 50% 的市场占有率，在日本的是 46%。有很多新的公司进入这一市场，索尼以比竞争对手高出将近 20 美元的单机价格，保持着高的利润率。

音乐播放设备被不断改良。杜比降噪 B 型和 C 型先后出现，又有了可充电电池，甚至带有倒带按钮。工程师们一如既往地擅长把部件做得越来越小，所以，私人磁带播放器越来越小巧，直到它的外面只有一层薄薄的铝盒，比磁带本身大一点点。微型化并不是一件容易的事，电池需要改善，发动机需要更高效，升压变换器出现并越来越小型化。然而，播放器却变得便宜多了。

改良一开始来得很快，但后来就慢了下来，改良的程度也会变得越来越小。一开始，播放器的尺寸很容易被缩小，一旦它被缩到只比磁带大一点点时，改良就到极限了，符合收益递减规律。

随身听改变了我们和音乐之间的关系，它让音乐成了我们可以关注、复制和随身携带的东西，它让我们爱上了音乐并且成了我们生活的配乐，它成了装饰我们所拥有的一切的背景音乐。

光盘播放器时代

当随身听的设计到达巅峰时——世界上曾经制造的全部工艺品中最好的播放器——最差劲的私人光盘播放器出现了。它个头非常大，比最好的随身听要贵得多，卖到了450美元，而且电池寿命也很短。它不但会时刻跳轨，而且液晶显示器非常小，几乎显示不了什么信息。这是历史上最糟糕的光盘播放器，但它仍然比最好的随身听播放效果好。因为，它是数字化的声音。

我们已经完成了一次范式飞跃。在旧的范式里，每个人都在同一个页面里，共同努力解决同样的问题，逐步进行微小的设计改良，走向越来越清晰的优化目标。在全新的范式里，优化设计的最终结果并不是明朗可见的。

我们现在有了新的设计优化标准，有了新的限定来规划通往优化设计的进程，以及新的要解决的问题。这一标准是不同的，它曾经阻碍了磁带播放器的发展。现在需要解决的问题是全新的，需要的专业技术也是截然不同的。激光工程师取代了电磁传感器专家，杜比工程师被知道通过捕捉数字存储器来解决跳轨问题的专家所取代。设计师们以前热爱低速旋转、高转矩电动机，现在却需要了解快速旋转、低转矩的设计。

音乐录制也面临新的挑战。要如何压缩音乐，让它既不显得冷冰冰又不显得单调？如何在不改变音乐灵魂的情况下，消除我们听不到的频率信息？即使把连续的音乐分成小段也有相当深刻的意义。例如，在不同的轨道中间有几秒钟的其他音轨可不可以，这些小小的热身片段或者背景介绍是否应该和歌曲连在一起？

最差劲的 MP3 播放器

当光碟随身听变得异常便宜又特别薄、音乐的传播技术从模拟变成数字时，有些人有了新的想法：如果不再有物质载体，会怎么样？如果把音乐从存储介质中提取和剥离出来，存储在音乐播放器中会怎么样？这是一次巨大的转变。在这之前，音乐一直都是有物质载体的，媒体也是。我们一直使用录像带、杂志、光盘和激光盘，我们可以购买和触摸到媒体。面对高昂的存储费用，人们在探索用数字化手段将音乐压缩，于是，MP3 存储格式诞生了。

人类历史上第一个 MP3 播放器当然是既神奇又糟糕。它在 1997 年由赛汉信息系统发布，并在 1998 年春天作为该公司的第一个“MPMan”在亚洲开售（Van Buskirk，2005）。MP3 的电池还不错，设备小巧且不贵，但新的问题来了，用户体验令人堪忧，要想把音乐在设备里播放，首先将音乐由用户提供的编码器编成 MP3 格式，然后通过并行端口传送到和便携式播放器装置连接的插接站上。接下来就是存储问题：播放器的两个版本只能提供 32MB 或者 64MB 的容量，只能够存储少得可怜的 6 首或者 12 首歌曲，这比大部分的专辑中的歌曲数目都要少。

同时，还存在法律问题。MP3 文件还没有准备好，美国唱片工业协会反版权侵权理事弗兰克 · 克雷顿说，MPMan 没有什么功能，只是一堆从唱片公司窃取过来的播放材料（Kaufma，1998）。

在这里，我们看到了规则和法律以及颠覆的精神之间的不和谐，这个话题我们在本书中会再次探讨。

MP3 播放器带来的问题也是全新的。创造新的技术突破的公司不可能是索尼，因为它的优秀工程师只会不断地完善光盘、激光盘、磁带和发动机。它不可能是一个最了解电池的公司，也不可能有可以把东西做得更薄的材料科学家，而是那些最了解以人为中心的设计体验的人。这些人知道，在这个时期，产品的功能不是最重要的。这样的公司了解软件同时又大到可以和唱片产业进行协商且会被认真对待。当然不可能是索尼这样的公司，因为索尼这时正在通过销售物质载体的音乐赚了个盆满钵满。

iPod 的成功并不是 iPod 本身，而是 iTunes，它也是好事多磨。史蒂夫・乔布斯知道，iPod 是没有什么用处的，为了使它有价值，其他的基础性工作需要提前就绪。iPod 的成功，依赖的不是一个更好的设备，而是一个更好的生态系统：有一个更快速的互联网，使音乐下载速度足够快，还有唱片公司已经准备好了出售 MP3 文件格式的音乐。乔布斯意识到，革新从来不是成为第一，而是在一个合适的时间选择一条有意义的道路并成为这条路上的领头羊。

可以连接苹果电脑的第一代 iPod，其零售价是 399 美元 / 台，能储存多达 1000 首音乐。这是一次新的发现。现在，你可以随身携带任何你想听的音乐。它的页面设计直观，而且很轻便。尽管 iPod 只有苹果电脑用户可以使用，而那时苹果电脑用户只占全部电脑用户的 10%，但是它仍然是投放市场之后销量最快的 MP3 播放器。

我们已经进入了一个软件比硬件更重要的范式。苹果宣称，在 iTunes 音乐商店——在线零售中心，可以 99 美分 / 首的价格浏览和购买，而且在两年之内，iTunes 的曲库已经增长到 150 万首。苹果俨然已经非常了解服务和设备之间的关系。以每首 99 美分的价格出售下载音乐，其实赚不到什么钱，但是这个生态系统很重要。iTunes 商店让 iPod 的使用合法化，尤其是在一个 MP3 的使用名不正言不顺的世界里。

MP3 播放器越来越小、越来越轻便，存储量也不断增加，价格也变得更便宜，但是它核心品质的提升却并不明显，它改变的主要是界面。多数人对 MP3 的体验主要来自苹果的 iTunes。通过 iTunes 人们更容易找到自己想听的音乐，而且这么做的时候还会感觉很棒；没有音乐编码的困难，因此促进了分配或者数字版权管理和保护；支付变得简单，使同步性更明显。

更重要的是，苹果引导人们不得不用一种新的方式来思考如何让音乐简便可行。技术需求是不同的，焦点被放在了程序员而不是工程师身上，放在了用户界面设计而不是产品设计上。需要与唱片公司进行数字化交易而不是实物的买卖。在这个范式中，苹果公司大部分的核心员工的技术变得更有用。

我们与科技的关系改变了。我们期望拥有更多，当我们想要听到自己想听的音乐时，我们可以跳过不喜欢的或者当时不想听的音乐，科技开始符合我们当下的行为方式。

iPod 盛行全球，音乐实现了数字化，互联网快速发展，以及智能手机的普及，带来了另一个巨大的范式转换。

流媒体时代

互联网意味着我们不再需要存储音乐或拥有音乐，随着家庭宽带越来越普及，4G 连接延伸到手机上，我们只需要使用互联网，就可以随时又快捷获取音乐，便携音乐的世界和智能手机设计的世界融为一体。我们拥有了更快速的连接，电池寿命更长，我们需要的是音乐视频、更高分辨率的屏幕和更大的显示器屏幕。整个范式再一次实现了转换。

智能手机极大地改变了我们的生活，也改变了很多产业。仅就音乐行业来说，智能手机再一次改变了我们和音乐的关系，甚至这种改变比我们意识到的还要多。随身听让我们随身携带音乐，点缀了我们的生活；光盘让我们只听自己喜欢的音乐，而快速跳过某些音轨；MP3 播放器让我们有了更丰富的音乐选择，而不是更少；流媒体则意味着，我们可以用全新的方式发现和选择音乐。

流媒体技术的应用带来了新的挑战，包括对庞大的音乐库进行管理、搜索和从业者在这个领域里淘金。我们和音乐的关系从专辑转移到单曲，从唱片公司直接到内容的门户。音乐的分销、仓储和生产的成本都趋于零。

我们不再需要唱片公司来生产精心制作的音乐或进行分销，我们不再需要公司来进行销售，或者把音乐专辑绑成一组来“购买”或使用。以前，我们和我们所爱的乐队、艺术家和内容，直接相连，而在流媒体时代，我们只关心 Spotify、苹果音乐或者 Pandora，却并不关心物质载体、唱片公司、位速率或成本。

身边的设计范式跳跃

音乐设备的改变其实是有一定套路的：先由科技和规划引发根本性的进步，然后进步速度变缓，直到出现一个优化设备，随之而来的就是巨大的跳跃，至另外一种思考方式。这种跳跃并不是私人音乐特有的，而是随处可见的。

以英国的货物运输为例，有上千年的时间，我们使用的范式是用马来运输货物；然后忽然转换成通过运河来运输货物，导致了运河建设的繁荣；随着时间的推移，这些运河改良了体制和建设，却被一种更便宜和快速的货物运输方式几乎完全取代——火车。接下来，轮到火车技术在巨大的跳跃和束缚中快速发展，继而被使用卡车通过公路进行货物运输所摧毁。

说起交通工具，我们也经历了几个时期：骑马、马车、燃烧驱动的无马马车，以及现在的电动汽车，看起来我们似乎在下一个范式的边缘。电动汽车的普及使整个加油站的基础设施都需要重建。在不久的将来，我们也许可以从拥有汽车的时代到使用无人驾驶汽车的时代。我们可能不需要拥有它们，而通过智能手机上的应用程序租赁它们的使用权。汽车可以自由地移动，当城市里的需求比较少时，它们可以驶出城市，城市里的停车位被完全释放了。我们上下班的路程也许变得更长，但更高效。城市的形状和规模也许会改变，汽车本身也会变化，现在的车辆设计是为了适应常用类型。一个普通的成人需要的一辆车要符合以下要求，是可以承载 5 个人，可以每小时 85 英里的速度行驶，轻松续航可达 400 英里，即使他们 95% 的时间是独自驾驶，即使行驶速度低于每小时 40 英里，即使他们每天行驶的总路程不到 40 英里。如果我们使用无人驾驶汽车，它们可以成为更专业满足多样化需求的车辆。想象一下，有那样一辆车，像客厅一样，满是大屏幕，空间很大，容纳 8 个人的多个家庭的旅行。我们也许也能见到那种异常奢侈的车，只适合夫妻两个人的浪漫周末；或者那种像豆荚一样的车，只适合一个人不带行李、以低于每小时 50 英里的速度旅行。在这个范式中，变化比每个人意识到的还要多。

购物也同样经历了好几个时期：本地商店、百货商店、购物中心和现在的在线商店。范式无处不在。我们曾经用日晷来掌握时间，然后在城镇中心有了很大的机械钟表，再然后是机械怀表、石英手表，而现在三分之二的青少年都不戴表了，他们用手机（Clark，2001）。很可能有一天，我们的手腕上普遍会有健康传感器或者支付手环。

电话也取代了其他的设备。我们先后经历了照相暗盒、照相机、数码相机，而现在我们更乐于使用手机拍照。曾经，我们的电视需要黑白阴极放射管，然后出现了彩色映像管电视，之后我们见证了等离子电视的发展，以及最后被液晶电视和 LED 电视所取代。而现在，越来越多的人在手机上看视频，而不是在电视上。

货币和金钱的世界也发生了相似的转换：我们最开始使用玛瑙、贝壳或其他形式的稀有物品进行交易，随后发展出了硬币，我们拥有了具有固有价值的单位货币。然后我们跳跃到了纸币和期票的概念，它们原本没有什么价值，却因为被所有人信任而被赋予了价值。再之后我们转换到另外一个范式，有了第一批信用卡，整个交易都和这个物理令牌没有什么关系（信用卡并不是钞票，它是数字交易的捷径）。现在我们越来越不愿意使用实际货币，也更少去银行或使用信用卡交易，而是使用 Venmo、微信支付或者支付宝这样的应用程序。在中国，每年有 5 万亿美元的支付都是通过这种形式来进行的（Cheng，2017）。很可能，未来的银行将主要通过数字钱包来管理，而不是物理位置分布。

在我们习惯那种情况之前，我们将看到的是一个更新的货币时期：在人为的稀缺性和由社区人群分布控制的基础上，货币实现了数字化，成了加密的资金流。

范式的复杂性

在很长的时期，我们用玛瑙、贝壳进行支付，但是现在，我们有了硬币、纸币、信用卡和数字钱包。同样地，我们也许同时拥有随身听、光碟随身听和一个 iPod，因为范式通常会有重叠期。在英国，人们也重新开始使用运河运输，黑胶唱片也是这样的一种存在，但是，通常人们都能一眼看出来哪种范式才是未来。我肯定不会把我的公司寄希望于石英手表、铁路、大型购物中心或者内燃机的成功上。

有时候未来范式会昙花一现，来了又消失。在 1900 年，电动汽车特别流行，在纽约市有一群电动出租汽车，而且路上的车辆中有三分之一就是电动汽车。但是，亨利 · 福特用不到它的一半的价格，制造出了汽油驱动的 T 型车，很快终结了电动汽车（Strohl，2010）。

通过直接购物避开实体零售，其实也不是新生事物。第一批邮购目录在 1744 年由本杰明 · 富兰克林设立（Woloson，2013），销售科学和学术类书籍（和亚马逊开始时一样）。邮购比电子商务出现得早得多，但是，很奇怪的是，有些像西尔斯、Freemans、蒙哥马利沃德或者天之城这样的公司，看起来应凭着完美的基础结构在电子商务时代赢得胜利，然而它们却一蹶不振。当然，没有企业可以达到亚马逊的成就。

我们可以获取的教训是：只有当我们回首过去时，我们才可以看到什么样的人或企业能笑到最后，而且即使有时它们已经为未来做好了最完美的准备，最后仍然会黯然失色。

范式转换的教训：打破规则

颠覆是一种艺术，一种甄别过去哪部分和未来无关的艺术，一种竭尽所能挖掘这无关部分的艺术。

——利维，2014

我们要清楚，这些转换经常是巨大的。在一个特定的产业内会发生巨变。世界上曾经最成功的企业通常在进入一个新的范式时，都会有一个开辟先河、引领时代的新产品。全球广告公司 TBWA 主席让 – 马贺 · 杜瑞在 1996 年提出了一个理论，几乎和克莱顿 · 克里斯坦森提出颠覆理论的时间差不多。让 – 马贺 · 杜瑞的理论是要建立范畴规范，找到每个人解决问题的方式，然后明确地忽略其中一条特定的规则。

我的颠覆新理论的基础是公司不要和范畴规范对抗，而是把前进的方法建立在全新思考的基础上，以改变确定规划流程的参数。

不要被专业技能或成功所困

在每一个新阶段都需要全新的假设、不同的思考和跳上新台阶。主导者常常会发生改变，老公司以过去的专业技能为基础，而后起之秀则不会因为专业技能停滞不前。在理论上，那些让主导者胜券在握的东西常常最后会成为他们前进的拦路石。如果世界已经转换到了加密资金流或者数字钱包的时代，那么在商业街有一家大的银行网点、拥有大笔资金、享有盛名或者被消费者所信赖就没那么有用处了。反而，你会因为在旧的经营模式中投入太多，而积极地想方设法去抵抗改变。索尼就是因为在音乐销售中赚了太多钱，柯达也是因为通过销售摄影产品获利太多，而放弃了积极改变。

与众不同让人惊慌

在亚马逊的早期，杰夫 · 贝佐斯需要进行 60 多场会谈才能筹集

100 万美元资金。他被很多人嘲笑甚至被轰出会议室，而且大部分人第一句话就是问他："什么是互联网？"与众不同其实很难（Sawers，2012）。即使在离我们不远的 2013 年，马修·耶格尔西亚斯将亚马逊称为"一个由为了消费者利益的投资团体所经营的慈善机构"（Yglesias，2013）。很多人都不喜欢那些看起来会打破规则的企业。

当罗杰·班尼斯特用不到 4 分钟的时间跑完一英里时，他承受的是连医生都认为的很可能会导致死亡的风险。规则和假设的存在让我们感到舒适，但也会让我们停滞不前。

不要将旧思想应用到新时代

在 1994 年，英国的目录邮购公司 Freemans 看到了未来，即数字化。它们并没有建立一个可以购买物品的网站，也没有做客户服务或者通过电子邮件接受订单。都不是，它们将整个目录扫描成图片，然后把它放到光盘上进行销售。常常，我们的思考方式是错误的。Coin 就是一次资金充足的新尝试，它整个理念的事实基础是大量的消费者都有很多张信用卡，因此创造出了一个"数字"信用卡，用仅仅 100 美元就可以将诸多信用卡进行数字化存储。只需要轻轻点击几下，你就能选择用哪张信用卡进行支付，然后进行支付就可以了。那时，几乎没有人能想到苹果支付会出现。Redbox 花了上千亿美元在全国放置了上万个光碟租赁机器，来解决百视达的光碟租赁问题。而那时，视频流媒体正刚刚开始。我们要为了正确的范式而进行建设。

当人们看到虚拟现实耳机，想在里面创建大型购物中心时，就能意识到想象幻灭的程度。我们需要围绕新的参数、新的行为进行努力，而不是懒惰地将我们的旧思想转移应用到新时代。

不要将旧模型应用到新时代

在现代商业中，我们会用到数据。我们还需要对尚未存在的东西进行投资回报率预测。然而，那些都是我们达不到的时期的成功标准。在我小时候，即使是在安全的英国农村，有三条比其他都重要的规则：第一，千万不要上陌生人的车；第二，千万不要进陌生人的家；第三，理论上，如果可能，千万不要和陌生说话。而现在，在我们生活的世界里，优步、爱彼迎和 Tinder 这些最成功的企业却是对伴随我们成长的规则最好的驳斥。

亚马逊在隧道的尽头闪着光。虽然亚马逊有很多年在零售发行上赔了不少钱，但是却有网络服务部门的利润补贴，现在你能看到，亚马逊最终变得大到能够盈利。现在它的规模大到在空间上消灭了其他公司，大到在空间上可以对幸存的企业施加更多的压力。当它决定发行自己的品牌产品时，我们可以看到一个模式是如何在之前的范式中有效运转，最终在下一个范式中大获成功的。

忽略大部分的未来模型

思考未来，并不是看着以前的精确的趋势线，然后根据线条趋势往下画，也不是一心钻研技术，而是把感情放到人身上，是去思考如何增强人们的感受、解除人们的忧虑，是通过使用案例找到前进的方向。我并不认为，那些以电子表格为基础的大公司已经准备好这么做了。

数据也并不是一直都能帮上忙。人们很难预测到未来的想法。我们喜欢用一个模型来理解复杂的东西；加德技术成熟度曲线是一种令人愉快地来自信预测科技上升和下降的方式，但是事实证明也没有什么用处，因为，它的预测和大部分科技的实际走向并不一致。

参考文献

[1] Adner，R（2012）

The Wide Lens: A New Strategy for Innovation，Portfolio Penguin，New York City

[2] Cheng，E（2017）

Cash is already pretty much dead in China as the country lives the future with mobile pay，*CNBC*，08 October，available from：https：//www.cnbc.com/2017/10/08/china-is-living-the-future-of-mobilepay-right-now.html（参考日期：2017.12.7）

[3] Clark，A（2007）

Wear a watch？ What for？ *CBS News*，16 February，available from：https：//www.cbsnews.com/news/wear-a-watch-what-for/（参考日期：2017.12.7）

[4] Haire，M（2009）

A brief history of the Walkman，*Time*，1 July，available from：http：//content.time.com/time/nation/article/0，8599，1907884，00.html（参考日期：2017.12.7）

[5] Kaufman，G（1998）

MPMAN threatens conventional record business，MTV，4 May，available from：http：//www.mtv.com/news/150202/mpmanthreatens-conventional-record-business/（参考日期：2017.12.7）

[6] Kuhn，T（1962）

The Structure of Scientific Revolutions，University of Chicago Press，Chicago

[7] Levie，A（2014）

Disruption is the art of identifying which parts of the past are no longer relevant to the future, and exploiting that delta at all costs [Twitter] 13 April, available from : Twitter.com（参考日期：2017.12.7）

[8] Sawers, P（2012）

Jeff Bezos attended 60 investor meetings to raise $1m from 22 people, just to get Amazon started, *The Next Web*, 29 November, available from : https : //thenextweb.com/media/2012/11/29/in-the-early-days-amazon-founder-jeff-bezos-attended-60-investormeetings-to-raise-1m-from-22-people/（参考日期：2017.12.7）

[9] Strohl, D（2010）

Henry Ford and the electric car, *Hemmings Daily*, 25 May, available from : https : //www.hemmings.com/blog/index.php/2010/05/25/henry-ford-and-the-electric-car/（参考日期：2017.12.7）

[10] Twain, M（1889）

A Connecticut Yankee in King Arthur's Court, Charles L Webster and Co., New York City

[11] Van Buskirk, E（2005）Bragging rights to the world's first MP3 player, *CNet*, 25 January, available from : https : //www.cnet.com/uk/news/braggingrights-to-the-worlds-first-MP3-player/（参考日期：2017.12.7）

[12] Woloson, W（2013）

How Benjamin Franklin invented the mail-order business, *Bloomberg View*, 13 March, available from : https : //www.bloomberg.com/view/articles/2013-03-13/how-benjamin-franklin-invented-the-mail-orderbusiness（参考日期：2017.12.7）

[13] Yglesias, M（2013）

Jeff Bezos explains Amazon's strategy for world domination, *Slate*, 12 April, available from : http : //www.slate.com/blogs/moneybox/2013/04/12/amazon_as_corporate_charity_jeff_bezos_says_there_s_a_method_to_the_madness.html（参考日期：2017.12.7）

第二部分

释放当下的力量

05
数字化转型

在我的经验里，有两个最大的问题是努力创新时必须要问的，但却鲜少被提及。第一个是你为什么要这么做，第二个是你真正准备改变的程度是多少？我们需要问自己是否准备好在企业核心进行改变、在企业建立的最基础部分进行改变。

我们需要停止将科技当成文身，一个表面的承诺，处在身体最显而易见的位置却极少被用到。相反，让我们把它当作氧气，当作企业的心脏跳动所必不可少的元素。在本章中，我们将探索我们将这一观念应用到新思考和新科技时的深度。我们需要提起数字化转型的问题，并进行严格定义。我们将见证，如果企业能够正确地利用这次转型，它们可以获取的收益规模，从而见识到这是多么强大的杠杆技术。

变化被拴住的时代

还记得千年虫吗？很可能就是在那个时候，我们才意识到，这个世界的软件建立的基础并不能控制住它。虚拟世界也许会崩溃，飞机也许会从天上掉下来……但是，这些事故从未像别的事故频繁发生。

所以，我们继续建设。

当现在航空公司习惯性地面对软件崩溃，从而导致它们的整个机群停飞时，会让人觉得奇怪，它们怎么会有这么基础性的缺陷？毕竟，航空公司有着那么好的应用程序，每个飞行员都有苹果平板电脑，而且飞机也是世界上最先进的。当我们看到每隔一段时间大型零售商遭到黑客攻击、数据被窃取时，让人觉得难以置信：它们能够以惊人的物流奇迹来保证产品都在货架上，但是怎么面对破坏却如此地开放和不堪一击？！一个小失误使纽约证券交易所频频关闭，在这样一个上百万亿美元以光速流动且有着世界上最快处理速度的数据世界里，让人觉得很是奇怪。

我的想法是，这些都太普通了。那些为了过去而建立的公司虽然有创造奇迹的可能，但是却常常在其他方面深陷泥潭、无法脱身。当代企业都是不对称的结构体：成堆的补丁、速效对策、黑客攻击、应对的方案和希望。

如果把信息技术系统和处理流程看作土木工程，把公司看作建筑，我们会看到一个笨重的建筑，有着我们见过的最丑陋、最混乱的结构。满是奇形怪状的塔，临时性的架构，无数的修补工作，建在虚无地基上的建筑，以及和无处不在的钢铁混凝结合在一起的主流工程定理的混合。我们的建筑物将会是最混乱、最沉重的，以及最笨拙的。也许它们能够一直有效运转，但是我们担心的是有一天当访客太多或者风很大时，也许它们能够扛住，但是却达不到你建立它们时的初衷。我们会看到，它们将会是一团糟。

从 Slack 到 Shyp，从蓝围裙到 WeWork，从 Upwork 到 Seamless，

从 Postmates 到 Hamdy，我受够了那些看起来只能运转的公司。如果在线新闻网站 Quartz 既能够写一本书，又能够创造一个我所见过的最好、功能最棒的零售网站，会怎么样?

态度很重要。当我们环顾四周，会发现，这个世界就是一座那些从未真正愿意拥抱数字时代的公司的纪念碑。在每一个转折点，在每一个企业的决策中，我们遇到的公司当它们想表达正确的事情时，它们的数字化肢体语言都很糟糕。这是一种风景：在最好的情况下，公司创造了很多管理改变的小单元；在最坏的情况下，公司把整个头埋进了沙子里。我不能够理解，为什么秘鲁一个全新的豪华饭店会买一个不能为 2004 年以后的电话服务的电话坞，更不要提这是不是最明智的购物了。

洋葱

在社会科学中有一个理论：人的特点和价值可以由一个叠加的欧拉图来完美展示，也可以很简单地看成是一个洋葱。欧文·阿特曼和达尔马斯·泰勒提出了社会渗透理论。这一理论认为，人们由很多同心层组成，最边缘的是最表面和最可见的行为，中心或者核心的是最隐私和关乎人存在意义的内容。

人们最容易看到的部分是行为举止，也就是最外层。在这个洋葱中，再深入一点是我们的知识和技能。再下一层就是我们的态度，它们是我们思考世界、采取措施以及理解和认知世界的核心方式，是我们处理情况的默认方式，而且以我们的价值为基础。而价值，则在更深一层。

我们的价值在较深层。它们根据我们的经历随着时间相应地缓慢发展。价值需要几个月甚至几年的时间来改变。价值是我们之所以为人的中心要素，它们展示了我们是如何与世界交流、如何做出决策以及是如何生活的。但它们却不是我们的最核心要素。在这个洋葱最中心的部分是个性和能力，它们才是让我们与众不同的最基础元素。

我认为大家不会同意公司就是人，但是洋葱这一比喻同样可以很好地适用于理解企业结构，理解它们之所以成为今天的样子和它们由那些层组成。图 5.1 展示了这一多层公司的概念。

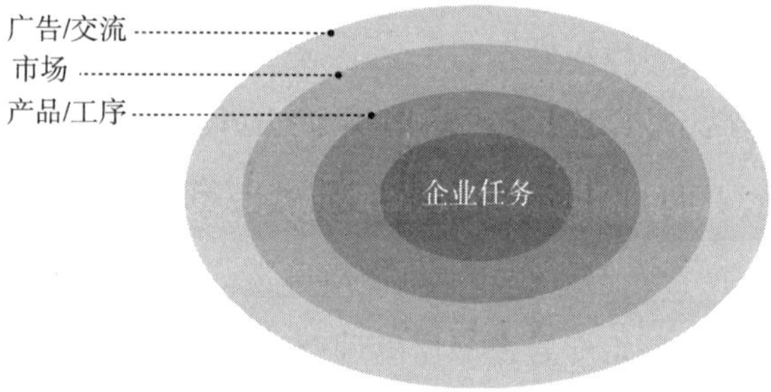

图 5.1 一家公司的概念层分布

把你的公司想象成一个洋葱，围绕着一个小小的核心有一系列同心层，每一层都建在下一层的最外层上面。我们可以去试着理解复杂的企业结构以及它们找到意义、制造产品、创立和支持品牌的做事方式。以下章节也是从最外层到最内层，展示了个性特征和商业特征的相似之处。

交流层：最外层

对企业来说，人的行为举止等同于它们付出的交流：成本、可控的广告消息和所拥有的网站，或者品牌和企业的公关传播策略。它们是一种环境，在这里公司可以主动提前决定世界或目标观众如何看待它们。它们是一片区域，在这里公司需要牢牢掌控“消息”并精确地看到和实现“品牌”。这一层向世界展示了一个公司是什么样子。交流可以是：

- 自有媒体，比如网站、店铺、宣传册、博客，或者电子邮件消息推送；
- 免费媒体报道，比如访谈、公关、免费搜索；
- 付费媒体，主要是我们经常想起的广告——付费媒体发布的消息可以由企业完全掌控。

市场层：支撑交流

支撑交流层的应该是市场层，它是公司为了销售产品和创造品牌而采取的一系列更加多样化的举措。也可以说，是这一层创造了品牌的全部意义，让消费者对于一项产品或服务的定义、意义、价值和其他方面有了充分的理解。这一层包括：

- 地点：产品产地的地理位置、使用的分配渠道类型和分配背后越来越重要的战略——地点不仅指产品销售地点，还指最终产品在商店或网上被找到时的环境和具体位置。
- 价格：消费者为一项产品的支出，或者人们为了得到一项产品准备付出的牺牲或努力。
- 推销：总而言之，所有的市场交流都是为了让现有的和潜在的消费者知道或了解自己的产品或品牌，从而说服他们产生兴趣或购买产品。整体来说，这一项包括广告公关、推销、直营和越来越重要的影响者营销、自有媒体、赞助和五花八门的新技术，像品牌内容或原生广告。外面的交流层正是直接建在市场层这一部分的上方。

产品层：你生产了什么

产品层就是公司是“什么”：企业的这部分展示了它存在的原因。在广义上，它实际上是公司的运营和生产机制。产品越来越被人们认为不只是一种有形的物质本身。汽车公司不只关乎拥有一辆车的体验，也关乎汽车买卖和维护时的体验。移动网络公司的业务，不仅是有效地提供数据和声音，更多的是提供高质量的服务，让消费者获取独特的内容，用有用的外围服务建立合作关系，以及其他更多联系。

在现代社会，产品涵盖了你作为一个所有者或者用户所能体验到的一切。它们包括所有的接触点：机场的登机手续办理台、银行柜台职员，从你填写的表格到投保时所依据的条款和条件。产品涉及面很广。例如，在汽车租赁行业，它们包括售后服务、租赁结束前的电子邮件和整体的用户体验。

工序层：怎么做

工序层是一个公司“怎么”做：生产过程中所涉及的一切。它包括文化和人们应有的行为举措、员工招聘的方式和原因、员工培训的内容，以及员工可能拥有和展现出来的精神面貌和态度。公司决策是独断的、民主的，还是合作制？员工能够自主决策，还是因为公司文化感到害怕而沉默自己？公司有没有试图最大限度进行外包，还是完全由自己处理所有业务？工序是一个组织的航海图，是制定决策、会议安排的方式，是评价、支持、升职和解聘员工的方式，它也涵盖了用来支撑一家公司的技术系统。它有没有使用Slack、多宝箱、视频会议软件？公司的安全功能如何，是开放式平面布局还是员工藏在小格子间里，是思想开放的还是封闭保守的？

目标

很难低估目标的重要性，但却几乎没有公司能有一个明确的目标。如果耐克说“只要你有身体，你就是运动员”，而且它们的角色是“给世界上的每一名运动员带来鼓舞和创新”，那么，如果你在那儿工作的话，你就会知道自己该做什么和不该做什么。如果宜家代表了“为消费者提供设计精良的产品，让他们的日常生活变得更美好”，那么，这也会让员工有更多自主权。目标是企业存在的理由：是每个人工作的目的，是人们聚焦、庆祝和优先处理某事的原因。企业的目标是所有一切的支撑。企业文化和工序流程负责产品和服务的设计、改良和生产，然后将其推广至市场，而企业目标则驱动和加强了这一切。

所以，我们有了新的问题。你的公司对新科技的应用程度有多深？你的企业运转面临的新环境是什么样的？你需要面对和研究的消费者新行为是什么样的？

革新优先次序框架

安迪·沃霍尔曾说过，每个人都会有出名的15分钟，可见，他对现代社会是非常了解的。有时候，商业中的每个人看起来都在努力打造属于自己的品牌，希望获得自己的支持者，被转发或喜爱，或者其他任何你表达喜欢或赞成的词语。

正如我稍后会谈到的，我们对成功缺乏耐心，我们追求简单、快速和看得见的改变，而不是那些真正起作用的改变。如果我们画一个矩阵图，在一个轴线上来表现从易到难的改变，以及从无关到关键的变化所带来的不同程度的改变，那么这个矩阵图就会像图 5.2 所示。我们喜欢的不是带来不同的改变，而是我们最容易做的那个改变。

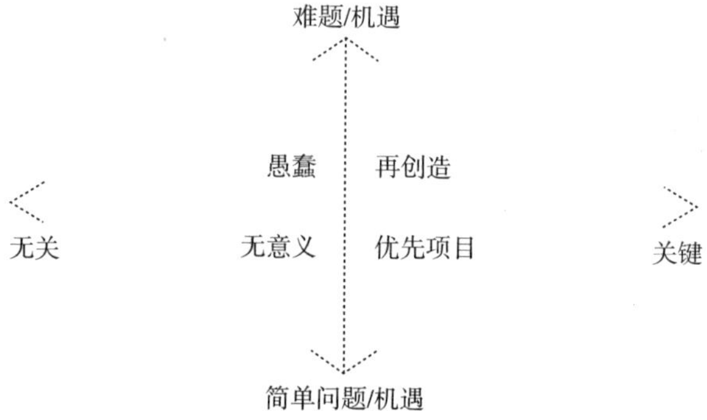

图 5.2　问题和机遇矩阵

我们希望商业决策层能够更加自觉、明智、有战略性，更多地关注那些意义深远的，而非立竿见影的项目。我们希望人们首先关注的是那些最具有改革能力的项目，那些能从深层降低成本或者增加收入或者二者兼得的项目。那些起作用的事情常常是相当无聊的：在堪萨斯州设立一个新的分销中心；设立一个新的发票支持网络；在银行创造一个全新的支付方式；重新思考你的客户关系管理战略和数据体系结构，来对客户进行长期管理，给客户发送个性化的电子邮件，确保没有把新注册邮件发给老客户。这些事情影响深远。如果一家汽车公司真的渴望清晰了解客户关系管理，那么它需要把经销商数据上传至二级经销商网络，之后与总部数据关联。这些系统很可能都是由不同的人在不同的时间根据不同的系统建造的。如果一家快餐公司想在其所有的店铺提高消费者服务水平，这会涉及成千上万家大大小小的特许经营者，将会是一件麻烦事。真正起作用的事情做起来都很难。因为人类的本性使然，我们希望自己取得一些成就，于是，我们就把精力放在了我们最能轻而易举完成的事情上和最不需要与其他人合作的事情上。

边缘化革新很简单

最外层（交流层）的革新是最简单的。它是最容易、能最快速达到的，而且是最立竿见影的，需要最少的组织性努力和最浅层的交流。

交流层的革新也是向世界展示你是行业领军者的最快速方式。用一架无人驾驶飞机给雅加达的建筑工人送一罐可乐，然后把视频放到 YouTube 上，工作就完成了！在迪拜的购物中心放一个自动贩卖机，将免费的冰激凌送给那些微笑的人，做一个案例研究视频，配上 U2 的音乐，然后在戛纳庆祝。开发一个应用程序，通过它把飘动的头发上传到 Instagram 上，然后找个名人来转发最终获胜者——这太简单了。在数据时代，交流层的革新只需要拥抱新的平台、新的配件和新的开始，然后，就结束了。

这种程度的革新通常都非常便宜，几乎涉及不到内部股东，可以外包给代理来做，并且很容易拿到预算。如果你想花 5 万美元投资聊天机器人，可能性显而易见，所以钱就很容易到手。如果你想给 iBeacon 2.5 万美元的启动资金在一个地方做实验，或者在一个商业展销会上花 10 万美元进行虚拟现实实验，你甚至都不需要深入到顾客复杂的组织那么远。实际上，你只需要宣布自己想干什么，就有可能获得一些不错的新闻报道。

交流层程度的革新到处都是。科技博客和《广告周刊》的页面上布满了表情黑客，用鞋上的按钮可以订比萨，脸书上有视频 360 的广告，还有一些用 3D 打印的小东西作装饰的东西，而在很多广告盛典中的获奖者则强化了这一革新速度快、快餐式、易消化和灵活的特征。

在现实中，作为一个大型全球媒体代理机构的创新主管，我的工作内容就是做这些。我想让我的客户都看起来还不错，想找到新的合作伙伴，通过在项目中小修小改渐进式地拓宽边界。然而问题是，这些对底线来说基本上没有什么影响。所有的革新都是为了革新而革新，从未或者很少起过作用。

市场层的革新

市场层的革新作用更大，但是却更难实现。Dollar Shave Club、Warby Parker、Caspper 和 Wayfair 是一些已经考虑了新的走向市场的方式和新的价格或分配方式的典型公司。它们确实已经违背了很多产业标准，但是在核心位置，与它们的前任却并没有什么根本性的不同。在这一层，改变难多了。对宜家来说，创建一个在线企业看起来极其困难，尤其是当它们知道正是逛商场才让顾客不断采购和冲动消费，而且快递家具并不便宜且它们在零售上已经投资了几十亿美元。但是，和很多企业不同的是，宜家依然在努力寻求改变，它们宣布与第三方公司合作，寻求更加高效的在线销售模式（Meixler，2017）。

好的榜样中包括一些像 e. l. f. Cosmetics 这样的公司。一开始，这家公司只有 13 种化妆品，但是它的创始人看到在洛杉矶很多开着豪车的女人在 99 美分商店里购买促销的化妆品，于是，深受鼓舞中成立了该公司。它有一套非常简单的分层定价方法，把高质量的化妆品以 1 美元、3 美元和 6 美元的价位进行销售。当该公司意识到在 *Glamour* 杂志上放一个产品目录和特辑是确保自己的产品可以在全国范围内配送的唯一途径时，它们开始进行在线销售。这家公司不投放任何付费广告，而是通过有影响力的人和社会媒体进行产品推广，同时它有一个很活跃的博客，上面有名人使用产品的情况记录。

将新思想应用到工序层：如何做

深入到企业的核心层，我们现在来看一下那些将新思想和新技术应用到产品和工序层的公司。像蓝围裙这样的公司并没有改变食物或者杂货零售，但是却完全转换了我们购买的方式。它们将产业标准拿过来，却在脑子里把它们彻底颠覆。它们并不像之前的很多公司一样销售已经做好的饭菜，而是以一个订阅模式为基础，销售提前准备好的食材，并把它们包装得很漂亮，配上很棒的说明。它们将顾客与一家按照需求提供食物的公司关联起来，但同时却增加了顾客自己下厨做饭的愉悦感。

深层转换：将新思想应用到核心而建立的公司

那些真正完全不同的公司，是那些应用了新思想和新科技，同时在企业核心围绕新的消费者行为和期待开展工作的公司。它们已经将科技应用到了它们进行生产制造的心脏位置。

成功的案例是清晰和显著的。我们可以看一看亚马逊、阿里巴巴、脸书和谷歌。当然，爱彼迎也是很值得一提的。图 5.3 以彭博咨询公司的数据为基础，显示了在 2007 年苹果手机发布以后，2017 年几家最大的上市公司的涨势；向我们证实了在银行和能源公司贬值的同时，有着现代思想和以软件为中心的公司是如何爆发的。世界上最有价值的这七家上市公司全部都在科技领域。

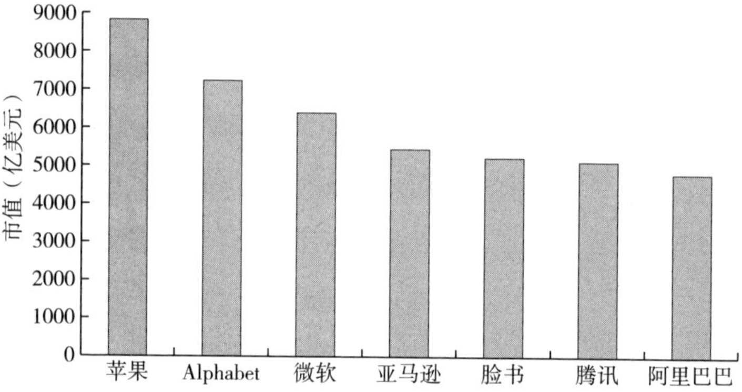

图 5.3　2017 年 11 月，世界上最有价值的上市公司

来源：彭博咨询公司

尽管如此，研究一下那些我们不常想到的公司会更有意思。

这样的例子中有一个是 Lemonade，一家建立在美国的简单内容保险品牌。它们整个公司围绕以应用程序为基础的移动设备而建立，使用的是一种和聊天差不多的界面。它们甚至使用复杂的人工智能技术使大部分设备实现自动化。但是，它们的创新远不止于此。保险企业长期以来根植于“阴阳合同”的设计理论。它们通过一开始劝阻索赔和拒付索赔赚取了更多的钱，但是 Lemonade 却完全颠覆了这种思想。它们近乎马上支付索赔，而且它们的聊天界面使用起来极其简单。但是它们最引人注目的特点是你只需要用手机的前置摄像头拍摄一个证词视频就可以进行索赔。这种方式既快捷又简单，而且容易赶走那些因为心虚躺在摄像机前不自在的人。

还有其他的一些不出名却非常与众不同的公司。例如，手机支付服务公司 Venmo 对大部分的业务并不收取费用，而且允许人们互相实时转账。这家企业目前几乎不盈利，但是假以时日它会变成一个数据钱包，人们可以通过它购买物品和服务，而不再仅仅是互相转账。想一想信用卡公司收取的交易费用，很容易就能看到 Venmo 是如何通过一个新模式快速赚钱的。其他的例子中还包括 Transferwise，一种以更合理的汇率进行国际汇款的简单方式，以及 LendingClub，一家提供个人对个人贷款的公司。

看起来，世界上最成功的企业的发展速度和价值增长都和它们对科技的使用和（更重要）它们将科技应用在企业中的深度密切相关。图 5.4 展示了，在 2007 年苹果手机发布以后，世界上价值最高

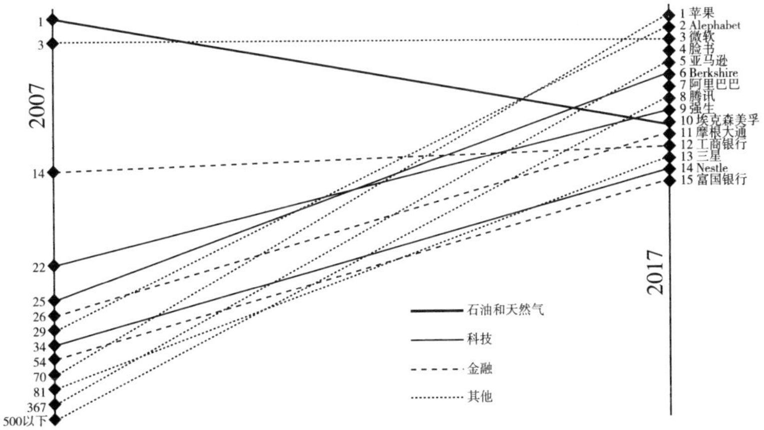

图 5.4　智能手机领域：在第一部苹果手机发布以后，公司的市值排名

来源：彭博咨询公司，https://www.bloomberg.com/news/articles/ 2017-09-11/apple-vaults-to-no-1-from-no-70-after-a-decade-of-iphone-sales

的几家公司是如何迅速增长的；也让我们管中窥豹，看到了一项科技是如何释放它的可用性和它的各项服务的真正潜能的。

数字化和数字化转型

比较一下人们对新思想的真正应用深度也很有意思。有些公司是事后弥补性地将新科技应用到旧的工序和系统中；有些公司则是敢于深挖，投资更多，做出更深层的改变。在我看来，这两种公司之间有一条鸿沟。

特斯科公司在 1996 年刚开始运营自己的互联网时，只有一台传真机。最开始，它们只是建了一个很简单的网站，把它们日常销售的物品拍了一些照片，然后放到网上。很快，订单开始快速传来，抵达英国各地的商店。意识到它们做对了什么之后，它们快速地建立了一个新的流程。这些总部在“网上”收到的订单会传真到各个分部，在那里隔夜补充存货的人可以取到下单的物品。这是一种愚蠢的行为，只知道进行修补，而缺乏建立新系统的智慧。这只是不断地添加新科技来修补已经腐烂的核心。如果一个像特斯科公司这样大型的杂货零售商在今天建立，选择将会很有趣。它还会不会设立遍布全国的商店，同时有一个超级高效的网络？还是说，它会忽略这一切，而是像 Ocado 一样，有自动化的仓库？那样的一个零售商再也不用把商品运输到商店里，而是让人们打开库房，挑出产品，直接把它送给订货的人。这就是数字化转型和数字化之间的区别，前者是把科技应用到核心位置，而后者是把一些科技应用到边缘位置从而使系统实现现代化。

当赫兹公司丢失了我的订单（这种情况经常发生）我可以用一

个视频电话亭给呼叫中心打电话进行投诉，工作人员可以通过 4K 的分辨率屏幕看到我有多愤怒。如果赫兹公司想进行数字化转型，它应该更加像 Zipcar 或者优步那样。在美国，人们仍然广泛地使用支票，而且还很习惯。很多美国的银行其实已经意识到了，对基于过去而建造的金融机构进行彻底改造会非常困难。因此，为了让事情更简单，现在它们通过应用程序对支票进行拍照和储蓄。这些支票仍然耗资不菲，而且银行要花很多天进行处理，同时支票伪造也成了一个越来越严重的问题，整个系统效率大大降低。

所以，当我们寻求一些方法让公司可以更好地应对今天的挑战和机遇，并使未来的潜力最大化时，我们更加需要思考如何解锁成长。

将那些拥抱了新的现实与模型的公司和产业，与没有拥抱的进行比较，是很有趣的。面对新科技，有些公司和产业显得很兴奋，而有些则显得很不情愿；有些进行重建和彻底改造，有些则只是进行修改；有些为了前进很乐于后退，而有些则幻想在不能支撑未来的根基上继续建设。我们已经了解了在实现新的成长和更高的效率方面进行深度创新的重要性，而现在，我们需要考虑的是结构、时机、文化和其他有关执行方面的内容。

创造新的价值主张

在数字时代，价值是不同的。在英国，我之所以愿意花更多的钱，坐一辆更慢的火车去看望父母，是因为这辆车上有 WiFi 和充电插座。一位奥迪车主最近告诉我，他们的车最好的一点是有一个应用程序，可以用来安排划痕维修。和美国航空比起来，我现在更喜欢德尔塔航空，是因为它们的应用程序会告诉你何时可以登机。用这种方式思考的公司并不多。我的时间是最宝贵的。我会选择一个能够数字化存储我所有收入的银行，我会选择一个能够更加快速进行费用处理的乘车服务。在现在这个时代，价值的定义与以前不同。

参考文献

Meixler，E（2017）

IKEA furniture is about to get easier to buy than ever，*Fortune*，10 October，available from：http：//fortune.com/2017/10/10/ikea-third-party-websites-selling/（参考日期：2017.12.7）

06
开启颠覆征程

质疑所有的理所当然。

——拉姆斯，1980

从商业世界所有关于改变的言论中，你会很明显地看到其实没有出现什么真正的改变。

但在亚洲，情况是不同的，尤其是在中国。在这里，它们不仅仅已经改变了很多，而且在一个新的世界里建立了很多前所未有的企业。在这里，我们能够看到满是移动优先的思维、大量围绕数字钱包的通用设计，诸多开掘出即时通信能力的公司、二维码和全新建立的物流系统。

正如我之前所说的，我们注意到的改变都是最容易看到的和最容易做的，是一种电视节目《帮你改装车》式的数字化转型。在这个节目中，车主需要一辆全新的、价格合理的家用汽车去兜风，而制片人却坚持把一辆有结构性缺陷和机械上有问题的汽车喷上漆，再装上轮子，整体看起来很炫酷，以至于人们忽略了排气管里排出来的烟雾。这使节目看起来很棒，但是却是很糟糕的用来改变一家公司的方式。

现在，我们看到世界在骚动，我们也很欣赏那些为了数字化时代而重新建设，并把新思想应用到核心位置的企业，所以，现在是时候来规划一下改变的道路了。难道我们还想继续平稳地下滑成为陈旧的企业？难道我们想成为那只被温水煮死的青蛙？还是说，我们想成为勇于改变的那一个？

在本章中，一开始我将会概述一些基本问题，然后给出一些指导性的、可以效仿的初始步骤。本章将为改变建造一个平台，确立核心信念和价值。然后，第7章将就企业如何在实际操作中实现这一切提供更多的细节。

我们需要在更扎实的基础上来开始工作，制定一个更加整体性的战略，然后花费时间来问出那些基本却困难的问题。

你的风险水平是多少

在生活中，大部分人都会规避风险，这是人性使然。我们已经进化成了一个会减少损失却不会最大化收益的物种。我们更多地受避免羞辱的需求驱使，而不是受成为杰出的胜利者的需求鼓动。只有两件事情是人和公司都讨厌的：当事情一成不变的时候和当事情真正改变的时候。所以，在这个混乱的时代，在这个变化快速且不可预测的时代，我们需要早早地确定你的个人风险水平。你想在火焰中倒下，成为某些人的英雄（但却是其他人的狗熊），还是想像大部分人那样，小心行事？

苹果公司主管零售经营的前高级副总裁罗恩·约翰逊曾被选举为彭尼公司的总裁。他勇于抉择，试图让公司改头换面、重焕生机。

他可能已经在成功的边缘了，但却在这些变化永久性改变公司的命运之前，被踢出了董事会。那个时候，公司的股价跌了50%。所以，你觉得他是一个傻瓜，还是一个被世界需要的、有魅力的大胆领袖？

真正的改变需要时间，也需要很多艰难的抉择。它需要重建老的信息系统，解雇那些不愿同行的员工，确立新的招聘标准和新的薪酬体系；它包括倾听消费者无休止的报怨、审计公司的所有问询，应对改变。这不是去深圳的大疆玩无人机，而是讨论后端和计划；它不会像到创新实验室一日游那样有意思，而是让你觉得自己很脆弱。

这次改变有多关键

实际上，改变的波浪正在横扫世界：音乐和新闻行业已经举步维艰；杂志看起来正不可避免地走向灭亡；随着电力发动机比初现时改变更多，汽车行业也将经受巨大的转变；新的企业模型蓬勃而出。但是，重要的是你要注意到，你的企业必须要改变到什么程度。如果你是一家顾客物品包装公司，那么，Dollar Shave Club 则展示了你的公司在理论上的可能性。尽管如此，当联合利华公司融资十亿美元旨在满足大众所需时，却只让人们感受到了其要从市场中转移走财产的危险，它对市场的必然改变并不比趋势线和兴奋过头的文章预示得多。

有些改变是你不得不做的，有些机会成本是不改变带来的。不改变的风险是什么？银行也许很坚挺，有些稳定的公司不会被迫进行改变——它们甚至能够买下大部分变得有趣并且会威胁到它们的新兴公司——但是，把命运掌握在自己的手里不是更明智吗？

即使是那些不用必须改变的公司也能从改变中获益。有时候人们宁可离婚也不愿意换银行，即使银行有各种各样让你想离开的理由，比如，英国的 Monzo Bank 仍有 40 000 人排队等待办理业务（Marin，2017）。这就是有一个明确的主张和以客户为中心的服务带来的力量。我们都可以很清晰地了解企业中什么发生了变化，但是更重要的是，我们要不断提醒自己什么依然顽固地没有改变。

如果你是一家大型法律公司，那么，请聘请最好的 IT 员工，挖掘出以云为本的软件解决方案的能量并试用下 Slack 将是很明智的做法。通过改变知识产权、专利法或者解除新的颠覆性威胁，法律行业企业不太可能被人工智能、机器人或者 Upwork 这样的自由职业者平台所摧毁，反而很可能会因为它们变得强大。从教学到一般医护人员，从牙医到消防员，有很多行业并不会因为保持原样而面临清晰可见的巨大危险。

但是，我们中的很多人需要从睡梦中醒来。我们中的很多人，我的意思是很多，都像鸵鸟一样把脑袋埋在了沙子里。如果你在房地产、汽车或者保险市场工作，巨变正在到来；如果你是一家百货商店、人才管理公司或者玩具制造厂家，你要小心了；如果你是一名程序员，你需要警惕，因为很快你可能会训练电脑来代替你的工作，而且它们的自我提高速度会比很多人预想得还要快。有很多角色都将面临相当大的变数，比如会计人员、行政助理或者媒体从业人员。高等教育这类部门至今都对颠覆免疫，它们欺骗自己事情永远不会改变。而在不久的将来，它们很可能在一个不同的世界：网上信息都是免费的，通过领英或者组建自己的公司或者撰写广泛传播的邮件就可以获取好名声。在推特上待一个月，上面精心策划的内容让我学到的东西比上四年研究生课程学到的还要多。

角色定位

当感觉处在充满威胁的时代，人的本性是缩起来；当事情看起来糟糕时，人们很自然地会聚焦关键举措和减少开支。但是，看一看你的企业定位、附加值、品牌以及它在消费者生活中的渗透程度，也许你可以做得更多。你不但要考虑到你的公司有改变的需求，同时还要意识到在变化中有很多真正的机会。你真正在一个什么样的行业？潮流常常是来了又走，但是如果你做的是运动员服装，生活看起来并不会有什么不同。但是，如果你发散一下思维，重新思考一下你的角色，事情会变得更有意思和乐观。

哈佛市场学教授西奥多·莱维特对他的学生说，“人们不会想买一个1/4英寸的电钻，他们想要的是一个1/4英寸的孔”，从这时开始，我们开始用新方法思考产品和市场（Christensen et al.，2005）。克莱顿·克里斯坦森将之发扬，形成了著名的“待办事项”框架（Christensen et al.，2016）。这一观点说的是，我们的企业并不只是卖物品、钻头、奶昔或新手表，而是在努力达到更加勇敢和有野心的目标。

市场专家在努力提升公司和产品的定位方面做得很棒。例如，百事可乐是作为种族主义或者暴力的解决方案来进行兜售的，而可口可乐则在全球范围内仅仅满足于单纯的快乐理念。有些香味浓郁的巧克力饼干从代表“又脆又好吃”，可以满足饥饿，到“庆祝世界和平”，这个过程只需要和广告代理策划师开三个会议就能完成。

但是，真相是，要想代表更厉害的东西，可以说的东西有很多，尤其是到了推动转型和革新的时候。

Hyatt、假日酒店和Starwood酒店的业务是创造和经营世界一流的酒店。这是一个很棒的行业，但是也限制了这些公司的发展。在这种思维模式中，它们需要完全掌控资产管理。这意味着，只要有问题了，它们就要负全责。比如，没有空房间了，服务区脏了，这些都会为品牌蒙羞，却与产权所有者无关。质量控制问题限制了公司的扩张速度，限制了可以盈利的领域：你控制的越多，你面临的依赖就越多。

爱彼迎挑战了这一切。最开始，它只代表了“头顶的房屋”，并不考虑如何传递这种概念，先是“充气床垫、床和早餐”，然后是更多合适的床、更少的早餐。这一平台现在两个非常有趣的水平方向上成长：它可以代表人性和“人帮人”的理念，这使它可以经营旅游业（正如它已经开始做的）；同时，未来它有潜力扩张至所有需要信任、和人有关的一切行业，比如临时工、烹饪和车辆共享。这个产业可以向任何需要网上信誉和信任代码化的方向推进。“赋予这次转换价值的是信誉的代码化——正是人们名字旁边的那五颗星，让我们可以信任那些我们本来一无所知的人。”（Stan，2016）

它也可以垂直运动，延伸到住房这一竞技场，建造（或者冠名）宜居的酒店、温馨的公寓、折叠床和室内设计领域。爱彼迎有潜力代表水平或垂直方向上的任何行业。这非常了不起。

思考一下你的企业在人们生活中所扮演的角色，是企业成长很重要的一步。现在很多企业角色都面临着威胁，而且这也是核心问题。当可以在网上看到我们爱看的一切商品时，我们为什么还需要百货商店？如果是生活在1980年的一个小城市，百货商店的存在还有意义。那时候，有人把一些好东西挑选出来，汇集在一起，然后把它们很好地呈现在我们面前，但是，在现代社会这些没有什么用处，因为我们不需要一个打包机。所以，从汽车租赁公司到百货商店，从唱片业到杂志品牌，我们应该如何重新想象我们已有的角色？也许百货商店需要成为有关时尚、健康和生活的“顾问”，也许杂志需要成为经营酒店和高级宴会等关乎生活方式的品牌。

当我们这样思考的时候，生活让很多人变得很兴奋。健身房不再是一个你为了使用场地和器材而每个月要花钱去的地方，而成了一个可以帮助你达成任何目标的有关整体生活方式的组织。健身房不再只是有很好的大房间、清晰的镜子和最新的器材，而更多的是可以使用应用程序对健康状况进行跟踪，可以向健身教练和营养师学习。健身房将市场和人身保险、温泉度假紧密联系在一起，成了一个可以通过新的经营方式赚钱的地方。它可以同时管理我们的健康锻炼和医疗保健。

银行可以成为我们开销、储蓄和支付账单的出入口。它们可以从我们托付储蓄的地方，变成我们金融健康的监护人和顾问。世界上的移动运营商害怕成为“哑巴管道”。它们要如何挖掘出我们以及我们的账单背后所蕴藏的信息，从而拥有内容，管理移动支付，为我们和数据以及新闻的关系提供建议。

在这里，我们的思考步骤是：实际上你能在顾客的生活中扮演什么角色？凭借着顾客的信任，你能做什么？你能做到什么程度？这么做，你有没有得到许可？一家茶叶公司虽然有自己的社会存在基础，但是我不认为它拥有社交功能。但是，我觉得一家汽车公司可以成为移动性的代表，一家航空公司可以成为休闲的代表，以及一家改善家居生活的商店可以为室内设计和建筑而奋斗。宜家或者 Muji 没有理由不能出售房屋。

明确改变的时间

当你第一次收到3G信号消息的时候，你在哪里？这也许是你能问出的最糟糕的有关第一次的问题，但是对我来说，却很值得纪念。那是在2007年的早春，我正在高高的黑山的杜米托尔山脉上。生锈的火车蜿蜒掠过中世纪的小村庄，“嘎吱嘎吱”地弯弯曲曲穿过废弃的火车站，而我正在发电子邮件，发的是前天晚上在一个烧坏的火车站吃的让人恶心的晚餐的照片，网速却很快。改变以让人出乎意料的方式发生了。

我们都有那样的时刻。比如，你对一款新的游戏手柄心仪很久，但是你刚买，它们就推出了新产品。好，再想象一下，如果你是一家汽车公司，刚刚花了1亿美元投资建设一家新的发动机厂，而这时，电力发动却看起来是未来。或者，你刚刚为所有的员工买了黑莓手机，或者承诺了要恢复煤炭相关岗位。有时候未来来得太快了，以至于我们很难知道应该在什么时候进行范式飞跃。

我们看到，全新的飞机却没有电源插座——哎哟，有人没想到。我们疾驰在耗资几十亿美元修建的高速火车线路上，却没有人想起来要给它安上WiFi。新建的公路上设的依然是人工收费站。在有些国家旅行的时候，看到它们为了新世界从一片空白中开始建设，这种感觉很惊人！在罗马尼亚，支付停车费不需要计时；特利亚－索内卡电信公司是世界上第一家在商业上建立4G移动电话系统的运营商，那是在2009年晚期，在立陶宛；世界上最快的网速有一些在爱沙尼亚；中国现在拥有世界上已建立的太阳能装置的70%。

新科技一直以超出我们想象的方式变好。在纽约，当我在公寓中看电视的时候，我是通过一个巨大的电缆箱观看节目的，分辨率是标准高清，只要每月花 120 美元就能收看 200 个频道。但是，掏出我的苹果 7 手机，把它当作热点，我就可以看到世界各地的流媒体格式的视频，而且如果使用 4G 网络和我的苹果电视程序，分辨率会好上 4 倍。而我的手机比电缆箱要小 45 倍，轻 16 倍。最新的科技可以高标准到什么程度，会让人大吃一惊。见证这种蛙跃式的进步，令人感到一种难以置信的兴奋。

理论上，非洲的村庄不用建造耗资不菲、难以维护、储存缓慢的图书馆，而只需拿出价值 10 美元的智能手机和平板，让孩子们自行学习如何做事情。一个像坦桑尼亚这样的不发达国家，在 2018 年可以正式落地世界上最大的无人机送货服务，谁还需要公路呢？

四种改变的方式

当你知道你要做什么、可以达到什么、可以进入什么市场，然后你可以想一下你必须改变的深度，并仔细考虑采用四种方式中的哪种来进行改变。

改变你的企业有很多种方法。当一个公司正努力购买新的非核心企业时，并没有表明它忽然成了一个正在重建的公司。当你开始投资一个全新的公司时，它只是一种很好的将研究和发展投入实践并使学习最大化的方式，你需要投入多少才能使它成为企业未来的保值策略？所以，这些方式并没有什么明确的界限，但是，在不同情况下，当我给出案例时，我会适当明确它们采取的是哪种方式。

1. 自我颠覆

到目前为止，风险最大、最积极主动、潜在收益最大的改变方式是自我颠覆。将自我颠覆与其他任何改变形式区分开来的有两个明显的元素。

首先，自我颠覆包含一定程度的同类相食。自我颠覆背后的驱动力是创造一个企业能够从一开始就赢得市场占有率、获得新的消费者，最终这个企业会变得很大、很成功，以至于成为公司本身的驱动因子。自我颠覆的目标是创造一个新的实体，来挑战诸多的产业标准，最终形成了一个有价值且清晰的消费者主张。这样一来，从某种程度上讲，这个企业很可能比原来的公司还要成功。虽然在理想的世界里，两个实体，即传统单元和充满生机的新企业，都会生存下来，但是，仍然常常存在同类相食的风险。某种程度上，如果这两个公司在相同的行业，新公司越成功，出于天性它吞食自己母公司的可能性就越大。在这个模型中，风险和牺牲的程度是关键。

用没采用这个方式的例子来解释这个概念更容易。

当英国航空设立 GO 时，并不是因为它们想让英国航空公司成为低价航空公司并放弃高级乘客。它们这么做并非自愿，而是出于防守，因为它们受到了来自于低成本运输公司的威胁。

当以 Zara 品牌闻名的 Inditex 集团 1985 年决定开设一个高级时装零售公司——Massimo Dutti 时，它野心勃勃地想拥有一个高级市场来增加盈利，那时，它从来没想过吞掉它的母品牌 Zara 并成为公司的未来。英国航空和 Inditex 集团只是采取了投资母公司衍生品牌组合的方法。

其次，自我颠覆概念的根本是在被迫采取行动之前快速行动。

如果你买下了一个正在快速吞掉你的市场份额的竞争对象，并且成为它的后盾，这只是一种合理的收购战略。这是大多数公司为了保住自己的地位，所做的一种投资。而自我颠覆的关键是在大家认为你是被迫行动之前就采取措施。

2014 年，脸书花了 190 亿美元买下了 WhatsApp（BBC，2014），它这么做是因为这家公司威胁到它自己在信息平台的成功，最终却把它变成了脸书自己的公司。但是，它的这种举措缺少主动性和进取性，更多的是一种防守。

2016 年，沃尔玛花了 33 亿美元买下 Jet.com（Reuters，2016），它并不是在自信且明确地开创自己的未来，而是一种对现状的被动接受：它在互联网市场上没有能与亚马逊竞争的技术、规模和声誉。

值得一提的是，正是大型传统企业的这种防守型举措吸引了大部分的风险投资。大部分以移动为基础的“未来银行”都创建得很烦琐、危险、大型却又很有吸引力，那些传统企业意识到开创自己的同类企业为时已晚，不得不收购它们。

很多这类公司像长跑中的领跑者，它们不能跑完全程，而跑完全程也不是它们的初衷。有时候，它们遥遥领先，成为最后的赢家，甚至超出了创始人的预期。我们也许可以把奈飞和特斯拉归为这一类。

自我颠覆的案例少之又少。大型传统企业常常规模很大，且很不情愿接受它们的错误，此外，它们还会非常小心地注意不要向金融市场释放出它们某种程度上已经不是最适合生存的公司这一信号。这种改变方式更容易被小一些的公司使用，它们可以获取更多，但是因为它们的实体规模比较小，常常使它们在采取这种方式时容易受伤。

自我颠覆就像在其他人更愿意隆胸的时候而你找了个治疗师。

有时候在刚开始采取措施进步的时候却感觉像是在后退；在心理上，这样很难，何况大部分人想要更快有结果。

在两年的研究中，我能找到的自我颠覆的最佳模范是奈飞公司。

奈飞从通过邮件进行光碟租赁到转型为流媒体的过程，并不像很多人记忆中的那么平静，虽然事后看起来是天才之举。

奈飞在 1997 年作为一家光碟邮件租赁公司成立，然后快速成长，凭借着产品的多样性从当地的光盘店夺走了巨大的市场份额。很快，人们就开始欣赏这种不需要交付滞纳金的方式，并且可以一次性租赁好几张电影光碟，此外，它也没有消费关税限制。

奈飞一直热衷于跟上最新的科技，于是在 2007 年，它投入了 4000 万美元不仅进行了数据中心的建设，还获取了初始流标题的许可（Rodriguez，2017）。当网速允许的时候，它将流媒体作为附加服务介绍给已有的订阅者。每月的费用保持不变，但是那些关税昂贵的订阅者可以获得更长时间的流媒体内容。当它免费附加一些东西的时候，它还给了人们一个升级到更贵订阅方案的理由。奈飞的成长是很惊人的，流媒体内容的视频库容量猛增，它的股价从 2007 年的 3 美元涨到了 2011 年的 42 美元还要多，让人印象很深刻。

2011 年 9 月，奈飞走了特别勇敢的一步棋。它创设了两种关税，把所有的美国用户拆分成了两组：原来的光碟租赁邮寄服务被称为 Qwikster，另外一种是月租更低的流媒体服务。当时市场很震惊，到了 12 月股价跌到 10 美元以下，公司也四分五裂。公司的大部分收入来源——光碟用户快速流失，公司利润在 9 个月内下滑了 50%（Steel，2015）。

但是，慢慢地，情况发生了改变。首先，更低的价格忽然找到了更宽广的市场，带来了更多的付费用户，使奈飞可以购买更多的内容并缓缓提高价格。然后，奈飞开始制作自己的原创内容，将全球的流媒体版权洗劫一空，之后，只需要轻轻点击一下开关，它就能够扩散至全球。

如果奈飞没有颠覆自己，它将会是一个完全不同的公司。它将会依赖一个拥有庞大实体的畸形系统，并支付高额的成本来进行维护。它很可能会在 YouTube 面前一败涂地，很可能早已以一个光碟邮件租赁商的身份消亡。

现在，奈飞的股价将近 200 美元，比它在勇敢地进行自我颠覆时高了 5 倍；它遍布 190 个国家，在全球拥有 1.1 亿的用户，税收将近 90 亿美元（Feldman，2017）。今天，光碟租赁用户只占了奈飞用户的 4%。如此看来，当 2011 年华尔街宣称里德·哈斯廷斯辞职是因为搞重复建设时，他们错得很离谱。

从这里你可以感受到在进行自我颠覆时，领导者所要承受的压力、需要拥有的自信，以及推行一些举措与市场和周围人的对抗程度。但是，进行自我颠覆却可以获得发球权。在你被迫开创属于自己的未来之前就主动进行改变，这其中包含的自信、信念和进攻是很卓越的。

这也是为什么自我颠覆很稀少的原因。IAC 是一家媒体和互联网集团，它的品牌之一是网上约会公司 Match Group。图 6.1 展示了 IAC 的 Match Group 的投资组合所占的美国市场份额，包括在线约会网站 Match.com、OKCupid，等等。Match 继续创立 Tinder，这一举动可以被视作一种自我颠覆：Tinder 是一个免费的约会网站，一开始曾大幅削弱了公司自己网站的用户数量和利润率，并且 Tinder 的设立也不是无奈之举，也不是出于竞争压力，它是由 IAC 部分控股的 Hatch Labs 孵化出来的。

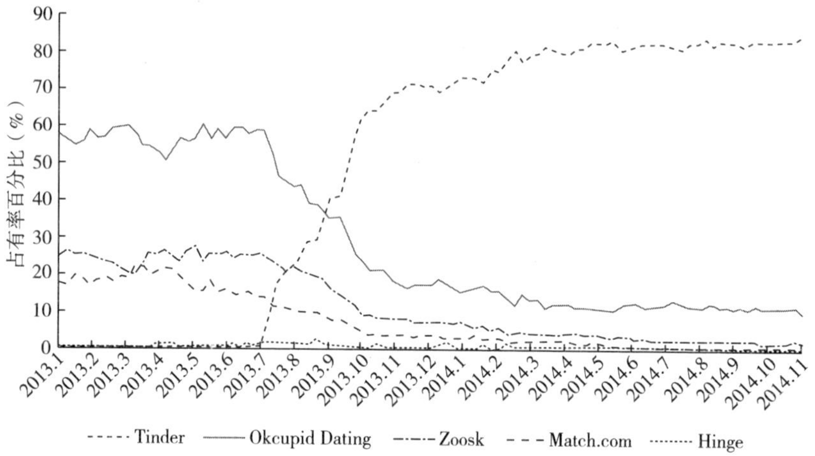

图 6.1　2013 年 1 月至 2014 年 11 月期间，Match Group 公司手机约会应用程序的美国市场占有率

来源：7 Park Data，http://www.businessinsider.com/jmp-securities-analyst-note-on-tinder-2015-4

也许，你会认为，当移动运营商 O2 秉承着“共通、简单和合理”的理念，设立一个更便宜、以年轻人为焦点的价格表时，它也是同类相食，应该被称为自我颠覆。但是，我却没有在这儿看到野心。

当亚马逊发布 Kindle 时，这一设备在理论上会取代亚马逊图书销售的很大份额，而图书销售则是亚马逊成立的根基。这一举动恰好发生在公司通过其他途径盈利更多时的自我颠覆。

自我颠覆也许并不适合你。孩子有那么不堪吗，你需要把他和洗澡水一起扔出去？对很多公司来说，虽摇摆却自信地走进未来很关键。虽然，我不想再忍受百货商店和杂志印刷业了，但是很多公司可以更加果断地进行自我颠覆。它们不需要快速吞食掉旧的实体，它们也不需要从竞争对象手中夺取很多新的单元且快速增值。对大部分公司来说，它们迫切需要去设立聚焦未来的项目，或者买下一些可以带来增长的项目，但是这些却不会给它们带来自我颠覆的风险。这些我会在下一部分中介绍。

2. 持续再造

新兴企业在什么时候变成了传统企业？ eBay、Skype 或者微软，是否就是一些世界上最老的新兴企业，或者最年轻的传统企业？在某种程度上，转换发生在当它们从猎人变成猎物的时候，从寻求增长到维持利润率的时候，从主动进攻到被动防守的时候。

持续再造是一种意义深远、严肃认真的努力，而且在最深层次上，它的基础理念是：最好的防守就是好的进攻。这一进程就是采取持续不断且有重大意义的改变来保持现有位置，通过这一进程，公司保住了在市场上的重要地位。这一进程也许有很多种形式。

正如我之前所提到的，在公司从单纯重量级的革新者到持续再造者之间，并没有一条神奇的横线。它和投资的规模以及投资是否关乎企业核心有关，并不是简单地收购另外一种形式的业务。美国航空买下 US Airways 确实是很大的一笔金融交易，但是这却不是彻底改造，也没有面临未来的威胁，这只是使美国航空变得更大的一步，几乎没有什么其他的改变。

它与自我颠覆的区别在于同类相食的风险更小，更少的先发制人以及更多的被动回应。Adobe 从销售光盘软件缓慢转移到将软件作为永久许可销售，成为一个云基础的软件服务供应商，用户只需要为它们的创意云付费。Adobe 的这一举措就是很棒的持续再造，而并非自我颠覆。

另一个持续再造的典范就是联想。它是第一家制造大型主机电脑的公司，但是几十年过去，却因为微型电脑的出现而被边缘化。所以，联想转换了业务，进军个人电脑市场，然后大规模地放弃了硬件市场，并买下 Soft Layer 成为了基础服务供应商，之后研发出管理咨询设备，现在因为 IBM Watson 俨然已经成为人工智能领域的领军者。

持续再造和进步一直感觉很像。它能让人感觉到风险，但主要被公司应用在一些正在快速改变的部门。理论上，在脸书规模还小的时候，电视或媒体运营商就应该买下它，而且它们应该后悔让阅后即焚有诞生的那一天。报纸应该因为没有创立推特扇自己几巴掌，但是这些行业自己却不这么想。最近 ASOS 市值超过了设立已久的商业领袖 Marks&Spencer——但是，你感觉不到这些公司会意识到这一变化。

对公司进行翻天覆地的改变很难，所以采用这种革新形式的典范大多是通过收购来实现的。微软为了公司声望采取了新举措花了大价钱。在今天这样一个喜爱苹果公司的世界，我们忘记了今天微软市值达到历史最高——6420 亿美元，几乎从 2010 年起涨了两倍。在过去的五年里，微软的股价涨了 200%，而苹果才“仅仅”涨了 114%（Fraley，2017）。

可以说，采取这种系列投资举措的最好典型是脸书。脸书自己在 R&D 上就花费了上百亿美元。在那些成长快速、生机勃勃的企业因为太成功而拒绝被收购（阅后即焚就是被这么错过的）或者要价太高之前收购它们，脸书真的看起来是依赖于购买那些最有前景的、正在发展的企业。

在 2012 年，网络变得越来越视觉化，相机变得越来越高级，手机图片共享变得很流行，脸书做了也许是最好的投资之一：脸书以当时来说很疯狂的 10 亿美元的高价买下了 Instagram。现在回头看这一举措，简直是天才之举，它使脸书得以支配整个图像领域。有些人认为 Instagram 价值 500 亿美元，但是更多的人相信，因为有很多人叫嚣着要离开脸书，Instagram 作为一个安全网的价值远不止这些。而且，实际上，Instagram 使脸书从一个市值 580 亿美元的公司涨成了一个市值 5000 亿美元以上的企业。

每次有新的现象或者行为出现时，Zuckerberg 总是能够快速地抓住它们。脸书需要保持现代，需要能够汇集最优秀的人，需要确保它们不会错过下一件大事情。能够做到这一切，源于它们收购了 WhatsApp 可以获得即时通信，收购了 Oculus 可以获取虚拟现实技术，收购了 face.com 可以获取面部识别技术，收购了 MSQRD 可以获得面部录波器和交换技术，而最近收购的 Ozlo 可以在信息传送领域获得动能更好的人工智能。

持续再造适合你吗？持续再造的基础是企业有一种妄想症和事情在快速改变这一事实，并不适用于每一个人。三星并不需要假定每个人都是它们在冰箱行业的威胁，从而买下这一领域中的每一家企业。耐克也不需要对 Allbirds 抓狂，或者计划买下任何一家敢生产鞋的公司。对于那些本质上不是在潮流前沿的公司来说，它们并不是护城河的拦路石；但对于那些在空间上会扩张得很快的公司来说，持续再造有更多的意义。也许一家电视台应该买下一个成长迅速的视频网站，也许来福车应该买下 Gett，也许沃尔玛应该买下 ASOS，但是这种方式显然并不适用于每一家企业，有些需要采取一些更平和的手段。

3. 慎重下注

最常见的革新手段是涉及面更少、对整体影响没那么深的，而且通常也不是长期、持续的革新手段的一部分。有时候，这些举措更加大胆和巨大，对母公司的威胁也更大；而其他时候，它们很明显只是一些公司的小分支，很难有机会改变未来，更多的是用来测试市场以及更多地了解商业环境，或者只是为了告诉世界它们可以做到。

当 Midland 银行（现在是汇丰银行的一部分）设立 First Direct

的时候，它也许是第一家设立“一个初创企业”的公司。基于要找到新的增长点尤其是获取有利可图、可靠且富裕的消费者这一需求，First Direct 于 1989 年创立，它像一张白纸一样开始了征程，只有“消费者”三个大字在这张纸的中间。受到电话银行这一想法的刺激和鼓舞，一个全新的公司凭空出现，但是它的基础理念却是要颠覆银行模式中的一切。它们摧毁了这一行业中的所有规矩：银行会一天 24 小时开放，不需要支付银行服务费，会提供有帮助的、非官僚、不烦琐、以客户为中心的服务。它好像一夜之间就改变了银行的世界，而且历史上第一次，使一个银行看起来新鲜、现代和与众不同。人们喜欢用 First Direct 存钱。

First Direct 从 1995 年起每年都在盈利，而且它的客户中有三分之一以上是因为个人推荐才加入的，而且它们有超过 130 万的客户（First Direct，2010）。

宝马 i 是宝马的一个子品牌，在 2011 年建立，用于生产插入式电动汽车。对于主要母公司来讲，它既是一个子品牌又是一个创新实验室。迄今为止，已经生产出了两种宝马 i 车型：实用性惊人的 i3 全电动汽车和 i8 充电混合动力车。现在宝马 i 系列在 50 个国家销售。虽然这个单元自身可以销售超过 10 万辆汽车，但是却很难达到凭借自身就可以盈利的程度。相反地，这个公司只是主公司的输入装置，它发展出来的科技被应用到其他车辆上。实际上，在 2017 年，宝马证实，到 2025 年它们会销售 25 种电动化车辆，而且其中有将近一半是纯电动的（Taylor and Presenger，2017）。这个案例显示出，如何在不威胁到主公司品牌的情况下进行关乎本质且重大的创新，而且还带来了一种希望，那就是，有一天这两者可以混合在一起。

慎重地下注是大部分公司会做的，只不过有些注下得比较小。

我担心赌注太小了，会成为一种公关而不是公司战略。如何在改变上下注，公司需要变得更勇敢。而且这一过程要更多地关乎核心改变，而不是仅仅停留在表面。之所以采取第四种也就是最后一种方式，是因为公司的改变欲望更少，更多的是出于转移风险的需求。

4. 对冲基金

有相当多且越来越多的公司觉得，它们的未来最好放在别人手中。也许你认为凭借一己之力让企业好转太难了，或者认为，像一个进行投资搭配的私人投资者那样，通过投资其他企业达到增长是一种合理利用公司资产的方式。我们现在可以看到，那些资金雄厚、高收入的公司并不寻求收购、接管或者经营有意思的公司，而是在它们身上投入重金，从而可以在它们的成功中分得一杯羹，常常没有什么控股权或者董事会席位。

这并不是一个新理念。在 1914 年，化工与塑料制造厂的老总皮埃尔·杜邦就投资了当时只有 6 年历史的私人汽车公司 General Motors。

公司套期保值是由独立的部门或者指定的投资团队来做的，并不在公司的资产负债表上。目标是投资那些高速成长的公司，从而为自己的公司带来利益。像 Google Ventures 或者与之差不多的 Cisco、英特尔、戴尔这样的公司，它们采用这种方式有一段时间了。对科技公司来说，这么做很平常。

最引人注目的案例是日本大型移动运营商软银。它已经是一家控股公司了，有自己的无人驾驶汽车、能源交易单元和云服务，但是现在它领导了一个新的名为愿景的基金。为了达成此事，它筹集了 930 亿美元，而自己只投入了 280 亿美元（Massoudi et al.，2017）。

我并没有注意到有什么公司已经努力改变了太多、太快，我也没有看到有什么公司案例认真对待这件事。我只看到了很小的赌注，看到了创新实验室被设立却无所事事，看到了公关的噱头和作势改变的姿态。并不是所有事情都在改变，也不是所有事情都会改变，但我还是愿意看到公司会因为那些更容易、更快捷、更美好、更便宜和流行的东西而感到兴奋。我愿意看到酒店会因为它们可以做行业外的事情而开心，零售商能够拥抱影响者的力量，汽车公司会因为想到能有可以震撼到消费者的归属感而兴奋不已。那么，让我们开始思考，为了做到这些，公司可以采取哪些更实用的举措。

在本章中，我们已经探索了如何设立一个成长的基础，你如何转换薪酬战略给人们以物质刺激从而带来长期的改变，你如何推动一个平台发生改变，以及更发散性地思考你在消费者的生活中扮演的角色。一旦你做了这些，那么，你最终要怎么做才能带来改变？这便是我在下一章中要探索的内容。

参考文献

[1] BBC（2014）

Facebook to buy messaging app WhatsApp for $19bn，20 February，available from：http：//www.bbc.co.uk/news/business-26266689（参考日期：2017.12.7）

[2] Christensen，CM，Cook，S and Hall，T（2005）

Marketing malpractice：The cause and the cure，*Harvard Business Review*，83（12），December 2005

[3] Christensen，CM，Hall，T，Dillon，K and Duncan，DS（2016）

Know your customers'"jobs to be done"，*Harvard Business Review*，September 2016，available from：https：//hbr.org/2016/09/know-your-customers-jobs-tobedone（参考日期：2017.12.7）

[4] Feldman，D（2017）

Netflix is on track to exceed $11bn in revenue this year，*Forbes*，16 October，available from：https：//www.forbes.com/sites/danafeldman/2017/10/16/netflix-is-on-track-to-exceed-11b-in-revenuethis-year/#417ac27b65dd（参考日期：2017.12.7）

[5] First Direct（2010）

First Direct turns 21-21 facts about the UK's most customer friendly bank[online] available from：https：//www.newsroom.firstdirect.com/press/release/first_direct_turns_21_-_21_fac（参考日期：2017.12.7）

[6] Fraley，C（2017）

Why Microsoft Corporation stock is more reliable than Apple Inc. stock，*Investor Place*，27 November，available from：https：//investorplace.com/2017/11/msft-stock-more-reliable/#.WikoMmXPyEI（参考日期：2017.12.7）

[7] Martin，C（2017）

What is Monzo Bank，*Tech Advisor*，17 October，available from：https：//www.techadvisor.co.uk/buying-advice/gadget/what-is-mondo-bank-3644615/（参考日期：2017.12.7）

[8] Massoudi，A，Inagaki，K and Hook，L（2017）

SoftBank's Son uses rare structure for $93bn tech fund，*Financial Times*，12 June，available from：https：//www.ft.com/content/b6fe313a-4add-11e7-a3f4-c742b9791d43（参考日期：2017.12.7）

[9] Rams，D（1980）

Speech to Braun Supervisory Board，Design Museum，available at：http：//designmuseum.org/design/dieter-rams（参考日期：2017.12.7）

[10] Reuters（2016）

Walmart has completed its acquisition of Jet.com，*Fortune*，20 September，available from：http：//fortune.com/2016/09/20/walmartacquisition–jetcom/（参考日期：2017.12.7）

[11] Rodriguez，M（2017）

Ten years ago，Netflix launched streaming video and changed the way we watch everything，*Quartz*，17 January，available from：https：//qz.com/887010/netflix–nflx–launched–streaming–video–10–years–ago–and–changed–the–way–we–watch–everything/（参考日期：2017.12.7）

[12] Stan，A（2016）

The future is the trust economy，TechCrunch，24 April，available from：https：//techcrunch.com/2016/04/24/the–future–is–thetrust–economy/（参考日期：2017.12.7）

[13] Steel，E（2015）

Netflix profits slide 50% as streaming growth lags，*The New York Times* [online]，14 October，available from：https：//www.nytimes.com/2015/10/15/business/media/netflix–3q–earnings.html（参考日期：2017.12.7）

[14] Taylor，E and Preisenger，I（2017）

BMW gears up to mass produce electric cars by 2020，Reuters，7 September，available from：https：//www.reuters.com/article/us–autoshow–frankfurt/bmw–gears–up–tomass–produce–electric–cars–by–2020–idUSKCN1BI1LM（参考日期：2017.12.7）

[15] Walcutt，L（2017）

Zipline is launching the world's largest drone delivery network in Tanzania，*Forbes*，24 August，available from：https：//www.forbes.com/sites/leifwalcutt/2017/08/24/zipline–is–launching–the–worldslargest–drone–delivery–network–in–tanzania/#763a794a293b（参考日期：2017.12.7）

07
今天的商业活力

改变的秘诀是集中所有精力建设新事物，而不是与旧事物斗争。

——米尔曼，1980

没有人期待在斯劳能窥探到未来，但是镇上皇冠假日酒店的单调走廊与我在那儿感觉到的对未来的深刻洞察却对比鲜明。

那是在 2006 年，我当时和诺基亚 N 系列的营销团队共事。我们正在就触摸屏手机雏形进行小组座谈，那时候谁都没有见过触摸屏手机。这比苹果还要早。公平地讲，那时没有人能够看到未来。人们几乎无一例外地都讨厌这款新手机。他们担心手机屏幕会碎掉，尽管我们向他们保证不会；他们很讨厌电池撑不到两天；他们担心一些奇怪的事情，比如指纹会使屏幕变脏。最重要的是，人们没有真正明白触摸屏手机的意义。对于浏览照片和访问应用程序来说，大屏幕是必要的，但是那时人们还没有开始共享图片，而且那些程序也还没出现，所以，最后得出的结论就是，触摸屏手机超出了人们的需求。我记得最清楚的就是那句话，“我喜欢这个互联网，但是我家里已经有了”。

即使那些比大部分人看到的未来都要多的公司也发现改变很难。

在第 6 章中，我介绍了改变的几种方式，在本章中，我将概述如何建设这些改变的基础。不管你是计划要改头换面还是只做一些小改变，我们将如何给那些对新科技充满热情、对改变满怀激情、对成长有清晰感觉的企业带来改变？

这是令人兴奋的时代，但是我们却忘记了这一点。在今天，创立一个像 Vice、Quartz 或者 Outline 这样的大型媒体公司，看起来比让一个传统企业重获活力，成为一个这样的公司要简单；创立一个像 Glossier 或者 e.l.f 这样的品牌，看起来比让 Estee Lauder 或者 Beiersdorf 再制造一个要简单。对每个人来说，这感觉起来应该是个好消息，但是，事实恰恰相反。

在本章中，我们将研究为何公司至今未能成功革新，由此我们可以了解个中缘由，并为它们在未来进行革新提供建议。它们将如何做到把行业认知和专业技能这样的传统知识与拥抱现在的可能性这一需求很好地结合起来？

所以，为什么大公司不革新

蓝瓶子咖啡是 2017 年诸多成功故事中的一个，在 15 年的快速增长之后，最近市值已经达到了 7 亿美元（Atkins and Bradshaw，2017）。它就是那种刚开始就定下基调的公司，而且它创造的是每个初创企业老板都想要的。如果你想在今天建立蓝瓶子，将会付出很多的努力而且需要大量的资源。

你会想要一个了解品牌打造的团队，也会形成一个关于咖啡的宏伟愿景。在理想情况下，你会使用世界上最好的广告代理机构和最好的图形设计师；你会找一些食品工程师来改善产品，让他们花费几个月来打磨出完美的色香味形，以及找到正确地储存和混合产品的方法；你会想要一些有分析和洞察能力的员工，来看清潮流的趋势；你会想要一些在包装公司有人脉的包装专家，以及拥有能够找到世界上最好的产品这一技能同时具备砍价能力的采买人员。也许，你还会想要一个地产专家和一个好的法律团队。那么，即使现在你有了所有的这些专家人才，你仍然需要有雄厚的资金。也许你需要 2000 万美元才能有足够的潜力来开启征程。这是一个特别单纯的品牌打造、团队建设和企业设计的组合。

在你的想象中，最适合做这些的公司也许是 Procter & Gamble，因为它们营销能力强且财大气粗；也许是 Mondalez，因为它们有丰富的食品经验和巨大的全球影响力；也许是雀巢，因为它的预算估计每年约有 17 亿美元（YCharts，2017）。很明显，所有这些公司都是创立蓝瓶子的理想存在，但却没有一家公司能做到。

蓝瓶子由自称“咖啡疯子”的詹姆斯・弗里曼创立。2002 年他决定在加利福尼亚奥克兰的农贸市场开始售卖自己烘焙的咖啡豆。他把自己早期在潘多拉做雇员时赚的钱作为采购资金。直到 2008 年（他作为一个少数投资家），他的生意一直靠微薄的资金维持着，因为弗里曼靠自己投入的 15 000 美元和一些信用贷款才成立了公司。

总之，到了 2015 年早期，这家公司已经花费了大约 4500 万美元资金（Sacks，2014）。在 2017 年，雀巢花费 5 亿美元收购了蓝瓶子 68% 的股权，虽然雀巢自己可以很容易地设立这样一家公司和品牌（Atkins and Bradshaw，2017）。

购买创新是种潮流

奇怪的举动现在比比皆是。当联合利华花 10 亿美元收购 Dollar Shave Club 时，它没有获得任何专利，也没有获得什么研发团队，甚至连套生产设备都没捞着。Dollar Shave Club 没有什么有价值的商业交易，或者值得一掷千金的优秀职员（为了把这名员工纳入麾下而收购这家公司）。它只是 190 名雇员披着公司的外衣，通过肯塔基州的一家物流公司，倒卖多乐可通用剃须刀。物流公司和多乐可都因此有盈利，而 Dollar Shave Club 却在每一笔订单和每一名顾客身上都赔了钱。

还是那个问题，不管这次收购成功与否，依然存在这样一个事实：它们为什么没有自己开一家这样的公司呢？

会计风险和外包风险

我问了几个这样的公司和跟它们处境相似的公司，我从中了解到了很多。我待在这些公司往往是在“创新时期”。在这个“时期”，你需要远离办公室，忘掉现实中的工作，去梦想更远大的事情。坐在会议室里，我一直觉得，往好了说，像是在学校里教艺术课，人们都期待和喜爱这门课，但却主要是因为它无关痛痒；往坏了说，像是个成人托儿所，只是一种让人们保持忙碌和拍些好看照片的方式。我们有便笺、彩色的沙发，以及满是“远大梦想”和鼓舞人心的引言的白板。有时候，某个创始人或者时尚博主会上来说个故事，论述创新的精神实质，而另外某个人会来讨论激情的重要性。一直都非常务虚。而我经常会很生气，问这些人一些烦人的问题，比如“为什么你没有创立这样的公司”。

一方面，会计流程抹杀了创新。大部分快速消费品公司都是市场销售部在一头把关的工厂。采买起到主要作用，比如订书针、糖或者氯化铵等所有要花钱的一切都要被衡量，成本下去了才会确立真正的需求。所以，现在在一个以采买作为驱动力的文化中，采购理念或者广告是很糟糕的事情，而购买创新的后果就更严重了。

从定义上看，创新是指一些新生事物，没有什么投资回报率。对于一些无畏且新鲜的事情来说，没有什么意义深远的投资回报率可以表达。对怀特兄弟来说，飞行的投资回报率是什么？在1985年，发明红牛的投资回报率是什么？有什么消费者研究显示人们想要无袋吸尘器？如果你展示不了一个投资回报率，那么你能做的唯一一件可以获取投资的事情是展示一下对竞争对手所做的案例研究，用它们的行动来证明自己方案的可行性。通过这种推理，纯果乐也能制作冰沙，只不过是在Innocent占领市场之后；或者，大型的欧洲汽车公司也可以制造电动汽车，只不过对今天来说太晚了。

大公司习惯持续地改良、慢慢改善每件事情，产品逐渐变得更便宜，年复一年、每次一点点。它们等待那些初创企业变得更强大，然后掏出10亿美元或者更多，买下这家公司，从而向世界展示自己多么有野心、资金多么雄厚以及自己已经进行了改变。这一单元的花费在资产负债表上是已付账款的一项资产，而且也许股价会上涨，股市收益超出这些花费，生活真不错。为什么还会有人不这么做呢？因为这是一种非常无效的改变方式，而且通过很多过去的案例可以预见有些大型公司和其所收购的公司并不能很好共处。有些事情需要改变。

确立改变的领导者

真实情况是，很多总裁和领导实际上并不想改变。他们过得太舒适了。约翰·温索尔既是 Victor and Spoils 的创始人，又是一位长期的创新领导者。他认为，真正的改变缺乏“归因于没对准的激励机制”，并将其称为“汉普顿效应”（Winsor，2017）。正是因为公司的最大利益和领导者的最大利益没有很好地对准，因此成了进行改变的巨大阻力。客观地看，很多人最终会因为不想改变而被认为聪明。

一般来讲，总裁不会努力开创属于自己的事业，而是想努力圆满身退。他（因为总是他而非她）不会努力青史留名，不想成为带来改变的那个。对大部分的总裁来说，平稳退休、打高尔夫、在一个辛苦的职业之后换个节奏自然的工作有着很强的诱惑。

短期效益主义正在抹杀雄心壮志

短期思维到处都是，使真正的改变和投资未来变得非常艰难。在 1940 年，一只股票的平均持有周期是 7 年，而且有 35 年的时间这种情况几乎没变。到了 1987 年，现金和股票的持有周期不到两年，而到了 2007 年，这一周期缩短到了 7 个月，今天则只有 4 个月。而且这还是在忽略高频率交易的情况下，因为在这种交易中，一般的持有周期跌到了 11 秒（Haldane，2010）。

商业世界中的每件事情看起来都在加速。现在一位总裁的平均任期是 6.6 年，而 10 年前是 8.1 年（Weinmann and Groth，2011）。今天，领导者的主要任务是面向金融市场。每个上市公司都由总裁、领导团队和部门经理统一领导，而它们的期货是由股价把持的。这种情况意味着，所有的决策制定需要综合考虑到信贷经纪人、股市分析师、选股人和新闻记者。

有人会认为，公司会把消费者服务、更好的产品或者设计美妙的体验当作神坛进行祈祷，但是实际上，大部分的公司实体面对的完全是美国华尔街、伦敦金融城和全世界的旗鼓相当者。

这意味着，必须要控制舆论、规避风险和用好资产负债表，必须按照季度汇报数据，在合适的地方进行盈利警告。有声望和历史的公司被迫展现出持续的盈利，维持价格与利润的比率，保持EBITDA（未计利息、折旧和摊销前的利润），维持投资者股息支付以保持高股价。

我们需要找到一种方式来改变这种文化。很多公司围绕它们真正需要改变的程度进行重建的周期，比普通角色任期或者股票市场会允许的要长得多。当前的金融环境只会回报那些减少盈利的公司，而不是那些投资未来增长的公司。有一种特别奇怪的趋向，就是公司会庆祝在不能盈利领域的营收增长率。“看看我们网上有多少新客户”是一种常见的吹嘘，完全不承认这些客户让它们赔了钱。

如果公司很久之后能够成功，它们需要建立一种机制，来奖励那些掌舵掉头的人，而不是那些见好就跳的人。

成功需要时间

这相当违反直觉。我们感觉，科技公司拥护灵活性和速度，但是今天最成功的公司是那些放眼长远的。现在亚马逊在研发上花费了超过 160 亿美元，杰夫 · 贝佐斯的观点是，公司可以特别长时期不盈利，同时把所有潜在收益都投资到未来增长上（Molla，2017）。大部分上市公司的节奏都是由三个月一次的季度盈利报告所决定的，但是那些最强大和最能引导潮流的公司却自己做主，来确定自己的节奏。

强有力的领导者可以让团队和公司以一种最好的方式来自信地管理时间表：有时需要快速和果断，而有时则需要伺机而动。常常，创新不是第一个去做某事，而是在合适的时机获取先动优势。

魅力型领导

我们特别羡慕某些公司，是因为它们要么最近很成功，要么公司领导是教科书式的模范，我们注意到，高深莫测、意志坚强的领导者起到越来越重要的作用。

当领导者方向正确、正确的任务被牢记在心、作用和目标清晰可见的时候，我们可以创造出公司走向光明前途所需的关键要素。那些讨诸战略、产品、服务和新措施的创新，往往始于领导者，因此创造出了一种适合改变的文化。尽管如此，文化也是一种能够阻碍创新的东西。文化意味着思想在早期就被扼杀了，或者从来没有被分享过，更可能从来没有诞生过。在一个组织的文化中，创新的缺乏会自我强化：庸才培养废材且同性相吸。稍后我会继续延伸这一点，并提供应对方法，但是现在首先让我们聚焦到如何改变文化上，这是最重要的。

强有力的人力资源部门和人才部门能够帮助公司确保人们围绕目标而非“忙碌”进行工作。我们有太多时候庆祝我们工作有多努力，而不是我们完成了什么。今天的公司文化主要是开会，而不是确定会议是否真的有必要。客观来说，信任是管理中至关重要的一部分，同时，对于确保让人们感到自由、被授权、重要和依赖也至关重要。这种情感让雇员可以为了最好地完成工作从任何他们乐意的地方开始，可以自主做一些合理的决策，可以采取一些有风险但是出发点却是好的且信息充分的行动。而且，如果做错了，他们可以请求原谅，而不是在开始前请求许可。如果人力资源部门功能足够强大的话，可以给予尝试行为更多授权，而这种行为很有可能以新的方式为公司带来成长。

优秀的人在任何地方都会发光，但是公司需要努力使人得到最大限度利用，比如，用奇特的方式奖励他们，把幸福快乐当作第一目标，让他们放松并感受到被重视。而这些，某种程度上来说，正是你所拥有的一切。

对官僚主义忍无可忍

小公司和大公司的感觉是不一样的。我在这两类公司都工作过。在大公司里，当我因工出差时，不得不需要某些行政专员通过公司旅行供应商来预订酒店。也许我会收到 8 封邮件，全是关于各种审批手续和补充材料的，还需要获得老板的同意，备案商业缘由。一些系统需要与其他系统沟通，而我的助理需要统筹安排整件事情。这也许会花费我 10 分钟的时间，花费我的助理半小时的时间，但是却很可能要花费后勤办公室的人 1 小时。所有这一切只是为了预订一个 200 美元的酒店，而通过 Hotel Tonight 应用程序，我只需大约 3 秒钟就可以完成预订，而且会便宜 100 美元。我召集一个 20 人的会议，会议只开 1 小时，花费的时间也许就值 2500 美元，却没有人在乎，而我为什么要通过被许可的代理商来预订酒店？

每个公司，无论大小，都需要摒弃官僚主义和看似忙碌的工作。我们很担心资历和惯例，但这通常只是个借口。我喜欢埃隆·马斯克发出的一份备忘录，他在其中说："在特斯拉工作的任何人都能够/应该直接给任何人发电子邮件/讨论，只要他们认为这是从公司的整体利益考虑解决问题最快速的方式。你可以直接跟你上级的上级汇报，而不需要获得你上级的许可；你可以直接跟别的部门的副总裁汇报；你也可以直接跟我讲。"他继续说，当意识到面前的挑战和机遇，以及有什么可以与之抗衡或可以把握时，"很明显，我们不能和那些大型汽车公司在规模上竞争，所以，我们必须在智慧和灵活性上下功夫"（Bariso，2017）。

我们最好知道什么时候打电话，什么时候发电子邮件，什么时候直接面谈，而什么会议永远不要参加。官僚主义的缺乏并不意味着混乱，而是把一切集中在用最好的方式制造不同上，而且有时候这意味着可以没有规矩地闯进会场让领导做出决策。

我经常觉得团队太大了。我们都早就听说过两个比萨原则，但是我们可以更加灵活。汤姆·彼得斯认为需要招聘最好的人才，并给予其世界上最好的报酬。史蒂夫·乔布斯则曾公开说过，"少数的 A 等人才在一起胜过任何一个大规模的 B 等人才队伍"（Keller and Meaney，2017）。我看到公司花费了大量时间和精力招募人才，让他们参与显得很重要的事情，却没有增加明显的价值。

为失败喝彩

我很乐意看到每年的"最大败笔"被作为一项关键绩效指标，我们可以从中吸取教训。如果你搞砸的程度不够大，说明你一直努力得不够狠。在靠近斯德哥尔摩的赫尔辛堡的一个普通的瑞典小镇上，有一个小小的博物馆。和其他博物馆相反，它展示的不是成功——公司、工作、规划或艺术品等起作用的东西——而是失败。在一个热爱胜利者的世界里，它为世界上那些彻头彻尾的灾难喝彩。这家失败博物馆提倡，我们应该尊崇那些曾经努力尝试的人。担心失败让我们紧张、不开心和缺乏创意，我们每个人都需要心怀发明并具有冒险精神。至少，那些思维型角色的人要如此。

我们需要接受不完美。“好”也许是很棒的敌人，但“完美”是完成任何事情的敌人。如果你要分享的东西不够完美或者没有经过完美的思考，在很多环境中都会很容易受到攻击。如果你想展示一件新产品，却不能出示大量的研究数据来证明这件产品一定会起作用，那么，这是违背大多数人的思维方式的。如果你梦想的东西比别人的大一点或者不同，而你对于别人可能提出的所有问题不能完全作答，那么，这将是很吓人的。大部分公司都觉得，它们需要能够抵御一切且透彻思考了所有可能性的专家。

我们需要人们来拥抱糟糕，来接受真正的来源于第一次的不完美的进步。年轻的公司讨论最小化可行产品的理念，这一理念发展到现在用来检测有些事情是否值得继续探索。今天我们拥有像快速成型或设计冲刺这样的流程，或者其他进一步设想、发展和测试提案的方法，这一切都比一种提倡完美的文化所能允许的要快得多。

可以说，因为“这样也可以”和“没办法”即“只好这样”的“差不多”精神，中国的创新进程更快、更勇敢。一方面，这意味着事情永远不会完美；另一方面，这也引发了快速的进步。在西方，如果事情没有达到完美效果，人们不会很开心。而中国则很不相同，它对不完美有更高的接受度，这也让那些可能把事情做得一团糟的人毫无后顾之忧。

收益最大化，而非风险最小化

我越来越觉得，很多工作和作用的驱动力是貌似合理的推诿，它不是做出改变，而是即使知道结果是失败了也要让别人看起来你现在正在做的是对的。我认识一个在一家唱片公司的艺术家和作品部门工作的人，他们的工作就是去感觉和预测哪位艺术家会红。他们会在游乐场听孩子说话，在在线论坛搜集信息，潜入演出现场，走进运动鞋商店，在脸书上追踪某些人。这一工作完全受情感的驱使，而他们都做得很棒。而现在，他们不得不换一种方式。他们运行一些在线分析情感的项目，追踪潮流趋势线并观看模型的发展，扫描社交网络的规模和影响力。他们会把自己的发现当作数据在会议中呈现。他们依旧那么成功，他们在工作中盲目乐观。正如罗里·萨瑟兰所说，“解聘一个毫无逻辑的人比解聘一个毫无创意的人要容易得多”（Sutherland，2017）。我们需要改变这种状况。如果你的成功归功于一群鲁莽且情绪外露的人，那么你是幸运的；如果你基于数据做事而最后搞砸了，人们会觉得失败和自己关系不大。我们需要创造一种接受异类的文化。

我们需要找到一种更好的方式来适应不舒适，习惯对共识的厌恶、对看似混乱和满怀激情的热爱。

对数据的合理看法

我在本章开头讲述的（真实）经历是数据危险性的强有力代表。数据只能反映今天的现实，而今天现实改变得比以往任何时候都要快，只有那些对新事物第一个接纳的人才能获得最大的奖赏，这就是当今世界存在的可怕问题。

现代社会有一种病，即需要用数据来支撑观点。如果只有看到有人在游泳渡河，我们才能架桥的话，我们不可能修建今天所见的那么多座桥。如果我们赖以生存的远见是由数据驱动的，恕我一个这样的远见也没看到。有争论的观点需要有数据作支撑是不错，但是今天我们对数据的轻视程度还不够，还太过依赖它们。

我们需要对我们见到的大部分数据有一种更轻蔑的态度。有关未来的大部分数据只是基于对不正确问题的线性篡改。如果你问大家对一种压根儿不存在的物品的购买倾向，那么你得到的答案不只是毫无用处——而且非常有误导性。

开创流程进行改变

转型的步骤

我看到有很多文件列出了“转型”所需要的步骤，数量很惊人。这些步骤全都根植于研究和敏捷的思维，但是我却觉得我们没有那么多时间。当新事物降临到这个世界上时，我们成立专门的部门来研究。我们封锁大楼的一部分，或者设立专门的办公室。为了应对新事物，我们购买一些更时髦、更亮眼的沙发，招聘一些更年轻的职员，穿上更加休闲的服装，甚至买下霓虹灯标志。一开始这是一种互动，然后变成了移动性的，之后是社会性的，最后可能就变成了一种内容的附加物或者聊天机器人实践。

我们聘请专家来带队，我们找一名首席创新官或者数字化战略主管，我们雇用职员来推动这项改变。当这些单元生了根，我们就为其注入资金。我们设立创新实验室，购买 3D 打印机和无人驾驶飞机，然后把它们塞到一个装着真空吸尘机器人和虚拟现实耳机的房间里。相信我，我们把专家请来发表言论，这么做很容易。创新被隔离、净化和买卖。但这种方式却不会影响改变。

你越是在公司“之外”，就越会发现，看起来重要很容易，传播福音很容易，变得时髦很容易，向外界展示公司认真对待创新、颠覆、科技和改变也很容易。但是，最后真正做起事情来却会很难。为了带来改变，你需要参加会议，你需要理解所面对的问题和事情进展的真实状况，你需要有权进行挑战甚至敢贸然闯进会议室。这不是用 5000 个单元格的电子表格来展示有趣的初创企业的点子，而是和总裁们打高尔夫，参加私人晚宴，在未经邀请的情况下闯进一个关键的会议。改变之路很艰辛。

所以，当我相信“很多步骤”理论时，我想，创新主管的终极目标其实和 2010 年的数字化主管、1995 年的计算机化主管或者 1940 年的电力主管一样——让他们自己成为多余。开创一种人人参与的创新文化，这个旅程的第一步是向每个人展示你的目的，确立一个代表人物，同时目标明确地淡出人们的视线，成为每个人的后盾。

我们看到很多公司在足够深的层次上没能真正做出改变。它们最后往往选择放弃。例如，很多银行或者保险公司会创立一个数字银行子公司。很明显，这是最容易做的一步，因为它把混乱的一切挪到了一边，但是难的是整合——政策、新旧系统数据间的对接。

另一种常见的方式是在旧的结构和公司的基础上建造更新的数字焦点。我们看到航空公司有很棒的、时髦的、新的移动应用程序，看起来特别美观，但是却不能通过它更改航班，因为它所依赖的是需要重建的终端。

像新兴企业一样工作，而且要当真

当文化就位，改变的流程也就位以后，还将会有多难？好，现在你需要让人们像你一样工作。

我和几个大客户共事了很多年，它们都很爱“像新兴企业一样工作”的理念，有点像想去格拉斯顿伯里却要避免有关大型音乐节的一切。像新兴企业一样工作的诱惑，礼貌地讲，9家中有5家是有大公司在做后盾。它们想既灵活又敏捷，却要经过一个复杂的许可过程，想挑战一切，但却需要数据来支撑这让我们变得疯狂，请利用现有的市场伙伴；让我们开辟新天地，至少“我们的竞争对手还没有这么做”。

“我们将会像一家新兴企业一样运转”是一个新的企业口号。Klarna的创始人在这儿会怎么做？Spotify在这种情况下将会如何开拓市场？我们怎么才能复制WeWork的举措？但是，这样永远行不通。电子表格需要被填满目标用户名称，需要有人满足盈利需求、有人计算预计收入，然后自动形成投资标准。

没有人想到，其实这些都是新兴企业的弱项。因为新兴企业拼命赚钱、四处求助，用有限的金钱逼迫自己去尝试有风险的事情。

信息技术的作用

大部分企业的信息技术系统都相对复杂，而且它们知道领导不可能会质疑这种状况。我们有像首席信息官这样的角色，在旧系统还能凑合用的情况下，他们从来不会头疼地去真正审查一个新系统。就像不会有人因为买了一台联想电脑而被开除一样，没有人会因为做了一些耗费时间、金钱和非必需的事情而被提拔。但是，正如我们在 2017 年年末看到的那样，因为一台电脑故障，所有美国航空公司的飞行员被迫在运力繁忙的圣诞节休假。由此可见，信息技术的作用极其重要，但是，信息技术建设却几乎不可能拿到预算。首席技术官的预算现在被分成了维系表演和提供功能两方面。传统系统的升级只有以牺牲掉某处更新系统的投资为代价才能达成。因此，所有的创新中都有这种现象发生：人们都更喜欢前端系统。确实，客户系统闪亮、崭新且由最好的团队用最好的软件打造是很有道理的，然而，现实是，大部分人的体验某种程度上依赖于这背后的无聊且不可见的系统。有些企业需要快速解决过时的网站出现的问题，它们会使用一些工具，像基于 XML 的网络服务、中度磨损技术和门户框架，这些工具能够延长基础操作系统的寿命，而基础操作系统正是 20 世纪 80 年代早期很多系统的支撑。

信息技术的作用一直以来被视作一种支持功能。和人力资源部门一样，它躲在风景背后，只有当它做得不好的时候才会被人注意到。我们需要用一种不同的方式来看待它：不是一种支持功能，而是一种在变化中开辟新路的投资。信息技术应该成为所有公司重要的部门。这一部门中应该满是对未来充满期待的人，他们研发最新的软件来进行费用管理，他们热情地测试新的时间表程序或者更好的发票管理方法。很多公司都被旧系统拖累，因为虽然它在运转却浪费了时间。

黑客立法

在法律、规则与创新之间，有一种令人惊奇的关系。

公司经常拿背越式跳高来展示，当人们思考方式不同的时候会发生什么。有很多年，不同的运动员一直用俯卧式或滚式创造跳高纪录。到了 1978 年，杆已经很高了，成绩提高变得很微小，2.34 米（7 英尺 8 英寸）的纪录看起来很难突破。

故事说的是，迪克·福斯贝里敢于改变思考方式，通过背向横杆的方式，跳到了新高度，创造了新的世界纪录。在这个故事中从来没有真正提到过规则的作用，以及其中涉及的技术。只是因为那时垫子可以更厚，所以背越式跳高的想法才忽然可行。实际上，有很多人想用这种方式跳高有很多年了，但是他们只是觉得可能会伤到自己而打了退堂鼓。

来福车第一次打破了出租车行业规则，它请求人们捐款，而不是要求人们付钱；爱彼迎从根本上说一直在法律的边缘生存；很多新的创新能够在法规的边缘蓬勃发展。电子烟是一种彻底的颠覆，因为没有人知道应该参照什么法律来管理；无人驾驶机生存在一个奇怪的、立法不力的领域；知识产权法可怜地落后于时代。

对于这些，新企业需要清楚，法规和法律体系将一直会落后于科技和社会发展的步伐。公司如果能够理解这一点的言外之意，那么，它们要么会寻求在灰色地带的收益最大化，要么至少会快速地意识到它们要对法律本质遵循到什么程度，而不是简单看法律的字面意思。

对手希望他们拥有什么

在这个时候，对手很容易被亚马逊和脸书在世界上的成功击败。而且，对手很容易就能看到这两者的成长之路，同时为自己的机会感到悲观。也很容易会觉得，生活真不公平，为什么亚马逊和苹果公司能得到全部的好处。

事实是，大部分现存的公司把自己的很多优势视作理所当然。

如果你是一个零售商，在每一条商业街或者主干道上都有一家实体店，很明显成本费用很高，你会觉得这是劣势。但是同时，这也提供了惊人的优势，不管是它创造的信任感、提供的即刻交货的能力，还是在人们购物时追加销售的能力。像银行这样的公司需要意识到，正是因为它们的物理显示使它们得到了公众人士非同寻常的信任。通过它们的职员，它们与客户建立了长期且意义深远的关系。

所以，今天从其他公司的角度思考问题很有必要。它们需要找出“亚马逊会希望自身有什么”，然后对这个缺口进行研究和探索。它们需要思考“一家有上百年经验的汽车制造商希望自身能有什么”，也许会是一个领导网络，也许会是一个漫长的历史，也许想知道它们的车辆价格随着时代下跌的速度。每一家公司都需要找出它们的对手所希望拥有的东西，然后真正地聚焦在这个不同点上。

挖掘出专家通才的力量

弗朗西斯·克里克和詹姆斯·沃森都不是被特别看重的科学家，他们并没有展现出比其他科学家更多的潜力。但是，他们所拥有的却是其他科学家所没有的：横跨多个不同领域的专业知识的宽度。作为几乎是世界上现存的同时拥有 X 光衍射、化学和生物专业知识的人，他们拥有所有所需领域的技术可以把各个点连接起来，所以发现了 DNA 结构。

我们很容易爱上“专家”这一概念。我们往往会假定新科技需要很深的专业知识。我们认为，新到来的每件事情都比我们能够想象的更加复杂，我们需要把信任那些对新科技和新变化了如指掌的人。越来越多地，真正的成功来自于在不同思路间搭建出的不同桥梁——将两个不同的学科之间的点连接起来。因为一直以来专家都很重要，所以工业界也许需要鼓励更多这样的人，能够横跨这些不同的领域，运用创造性思维，从一个领域中学习然后应用到另外一个领域。

我后背很疼，但找不到一个对它全部了解的医生，所以不知道最好找谁治疗。于是，我不得不找了很多脊骨神经科医生、理疗师、神经外科医生和骨科脊柱外科医生，每个医生都说他们提供的解决方案是我需要的。

汽车公司现在需要了解软件设计和人们的开车方式的人，零售商需要了解人们的浏览行为和面对销售人员时的人们行为方式的人，电视公司需要了解如何制作更棒的电视节目，以及了解年轻人的行为改变方式和流媒体技术的人。

“当你只有一把锤子的时候，所有的问题都看起来像钉子”是一句大实话。当企业看向未来时，很关键的一件事情是找到方式来激励好奇的人们去改变思考问题的方式，用新的方式来应用创意，同时勇于用不同的思考方式来挑战每个人。

运用想象力

我们往往只有在透视旧的框架时，才会真正理解新科技。人类历史上第一档电视节目是对面摆满了相机的广播剧。今天的网站看起来非常像过去数字化形式的纸张。我们的想象力太弱了，就像独角兽这样一种生物，虽然被设计出来是为了代表新奇、神话和残暴，但是仍然是基于两种实际存在的动物的结合。

在互联网出现之前，没有人曾经预测到过。它和我们曾经见过的东西都不一样，而且和我们可能想象到的东西也不一样。从来没有人真正将数字货币的想法概念化，或者将银行系统权力下放，因为这些想法之前完全不存在。

公司需要更好地思考未来，不是把现有的元素结合起来，而是要创造从未存在过的东西。这很显然对我们的想象力和创造流程有着高要求，但是对公司来说却很重要，如果它们希望从开创性的思维中获益的话——它们可以做一些和之前完全不同的事情。

跨越软件、硬件和服务领域

总的来说，在这个世界上，有些实体公司在尝试变得数字化，而有些数字化主导的公司却在尝试拥抱实体化。“是沃尔玛先有电子商务，还是亚马逊先有实体店”是一个经典的问题。我们看到这种争议比比皆是，这是一个错误的二分法。漂亮的帝瓦雷音响价格贵得让人惊掉下巴，听起来像是来自天堂的产品，但是用来操控音响的应用程序却没那么惊人。但是，当你买下这些音响，你将会获得独家直播音乐会的体验，而且，这些音响可以终生更新升级至更棒的连接和更好的音质。

品牌和企业需要想的不是它们制造什么，而是它们的产品在各种情况下让客户感觉如何。现在在线购物的体验甚至包括包装设计；你在燃气公司支付有多简单，开张发票就有多麻烦；制造一台能自动订购咖啡胶囊的 Nespresso 咖啡机能多花多少钱，而有了它将能多赚多少钱？如果一家电视机制造商觉得漂亮的菜单设计和远程遥控很重要，会发生什么？如果它们能提供独家应用程序呢？最重要的一点是，我们需要从长远的关系角度来思考。比如，我们如何让车主继续购买这个品牌，我们怎么能够确保从三星电视移动到三星智能家居？

通过综合考虑实体和虚构，找到方法而不是据为己有，通盘考虑而不是只专注设备，我们可以丰富可以提供的内容，赚取额外费用。

激烈而非机敏

“快速行动、推陈出新”“测试和学习”“动力优化”“失败要快”，我们全都接纳了现代社会的思想和这种一直持续的机敏方法。很明显，快速行动是好的；很明显，官僚是坏的；但是，有时我不确定我们真的动脑子了。因为，很多大公司常常看起来缺少公司战略，没有大胆的愿景，工作流程就是运算法则，摸索着走向未来。这并没有什么本质上的不好，但是却减少了大胆进击的机会。今天大部分公司通常都只是努力跟上今天的需求，只是在后方尽力保持同样的距离。

如果我们把公司比作摩天大楼（见第 1 章），或者一个又旧又破烂的干线铁路，人们就会发现，维持不如重建。软件变得臃肿不堪和不为人了解，人们变得疲倦而痛苦，企业组织结构在重负下呻吟，硬件已经过时。

我想，有时我们是否需要一个机敏的对立面。我们需要突然向前一跳，然后进入稳定期；我们需要系统和流程相辅相成；我们需要跳跃去创建一个以最新的理念和软件为基础的全新实体，然后进入一个很少改变的平静期。这是对改变的一种大胆的、新的思考方式，是反主流文化的，但是，仔细想想却很有趣。

保持乐观

对公司来说，有无数次的机会可以把这一点做好。这些思考方式的每一种本质上都是积极的，但是把它们放在一起，却会让人觉得势不可当。今天商业中的新闻报道和常规讨论往往只聚焦在消极的一面。我们持续地关注那些做得不好或者没有改变的公司。对那里的人们来说，很难感觉到极度的乐观。

今天，当你在世界各地漫步时，你能看到极少数的公司在热情地接纳它们现在的改变。当然，对于老公司改变方法，我乐见其成。计算机辅助设计进入建筑实践领域的那天，我们见证了大量新形式的出现、理想的样子和思想的发展。弗兰克·盖里或者圣地亚哥·卡拉特拉瓦并不需要为了在商业竞争中生存而改变，他们之所以这么有信心是因为，他们对能够做一些具有开创性的事情异乎寻常的兴奋。

参考文献

[1] Atkins，R and Bradshaw，T（2017）

Nestlé breaks into US hipster coffee market with Blue Bottle deal，*Financial Times*，14 September，available from：https：//www.ft.com/content/8fccb91a-9943-11e7-a652-cde3f882dd7b（参考日期：2017.12.7）

[2] Bariso，J（2017）

This e-mail from Elon Musk to Tesla employees describes what great communication looks like，INC，30 August，available from：https：//www.inc.com/justin-bariso/this-email-from-elon-musk-to-teslaemployees-descr.html（参考日期：2017.12.7）

[3] Haldane，A（2010）

Patience and Finance[online]，2 September，available from：https：//www.bankofengland.co.uk/-/media/boe/files/speech/2010/patience-and-finance-speech-by-andrew-haldane.pdf（参考日期：2017.12.7）

第三部分

期待未来

08
变化之帆

人们很有意思。大部分人抱怨最多的两件事莫过于“总是这样”和“变化太快”。我们需要真正地热爱新鲜事物，明确需要担心什么和接纳什么，以及忽略什么和操心什么。本章将就这一点做出尝试。

现在商业和生活都很艰难。我们比以往任何时候都需要的是简单，人们花费时间把点连接起来，忽略那些让人分神的事情，在改变中规划出一条道路，让那些复杂的事情更容易被理解。

本章将描述那些随着时间的推移企业现在可以采用的明确举措。这些都是我们今天看到的和可以借鉴的被论证的措施。和接下来的第 9 章和第 10 章不同，本章对未来探究得比较少。本章不是对未来事情的猜测，而是立足当下。这些主题更多的是涉及将我们今天看到的点和周围的世界连接起来。虽然这些主题也许在本质上看起来有些未来主义，但其实不过是一张这个星球上此刻正在发生的事物的快照。

令人失望的数字化

油腻的指纹只讲了故事的一半。巨大的等离子屏散落在登机室里，但是尽管（或许是因为）它们的字体超大，监视器也很完美，但是数据更新却非常缓慢，尤其是每个屏幕都附带着一条翘起来的打印标签："非触摸屏"。

令人失望的数字化比比皆是。每件东西都应该更快、更精确和更个性化。很多新东西从不可思议发展到精彩，再到值得期待，直至某个时刻令人感到失望。

总是比科技进步发展更快的唯一一件事情是我们对科技的期望值。而且这种滞后越来越严重，我们得到的和我们的期望之间的沟壑越来越大，快乐很快就褪为失望。每况愈下。

我用手机可以快速购买任何人在任何地方制造的东西——但是为什么需要那么长时间？我可以在上海的地下收到 4G 网络，可为什么在电梯里就没有信号？为什么我不能把这个用流媒体发到国外？为什么我的其他开户银行可以用指纹进行身份验证？为什么你们这儿还没有优步？你为什么不能记住我的用户名？尽管大数据做出了这么多承诺，我的信用卡服务商仍然每月用邮件给我寄开通申请表。

被无法被满足的期望所包围，现代社会的生活节奏就是令人失望。

对很多人来说，科技是一种只有当它不能好好发挥作用的时候才会被我们注意到的东西。刚开始学步的孩子发现电视不是通过触摸控制的，几乎被吓呆了；十几岁的青少年对于表达愤怒的微博在几分钟之内不能收到回复感到恼火。而且，科技会远离尖端，只向上传播到更年长的人。为现代社会建立的公司缓慢地替换掉它们现存的工业内容，我们现在把一流的体验当作所有企业的标准。

虽然科技颠覆的进程在一些工业领域已经成熟，但是在另外一些领域却尚未开始。这种滞后者就在我们身边：银行拒绝看向未来，依然坚持维护商业街的店面而不是完善客户服务；保险公司拒绝接受 Zipcar 和爱彼迎在改变世界；医疗保健系统依然以纸张为基础；移民和税收政策依然没有接受飞机和互联网的存在，也不接受工作为自由职业。

对于令人失望的数字化，公司能做什么

本书的第 11 章会聚焦在新世界中的消费者体验，并会讨论对同理心和科技的需求，但是现在，我们要意识到公司需要更好地从消费者的角度来理解生活。公司认为，消费者会将自己的手机运营商和其他运营商的预订流程进行比较，而实际上，他们会和任何一个预订流程进行比较。

公司需要环顾四周，看向更远的地方

每个公司需要考虑的是消费者在每一次体验中将其和竞争对手的比较，而不仅仅是产品种类上的不同。而且，体验不受任何限制。奢侈品零售商只看到了其他奢侈品零售商，而从不放眼更远的地方。我们要更好地把每一次很棒的体验都当作外在的刺激。如果迪拜的一家酒店可以搜索到你并能确定你的生日，为什么你的航空公司不能？如果你在亚马逊上点击一下就能购物，为什么在一家银行网站上不能？我们需要从周围看到最佳解决方案。在世界上的很多地方都有可能找到这些最佳方案。常常，我们可以从中学到最多的是奢侈品品牌或亚洲的公司，尤其是那些应用最好和最新科技的新公司。

商业必须先把基础做好

铁链的坚固程度取决于它最薄弱的一环。公司需要更好地支撑

住体验中最差的部分，只有把所有的基础做好，然后才能拥有强有力的平台去奢侈地做额外的事情。这么做很难，因为通过这种方式，你不能变得有名气。Verizon 我一直用得很好，Chase 的网站也从未瘫痪过，德尔塔航空公司的员工一直那么可爱，Quartz 是一个漂亮的、设计得很好且文章很棒的新闻网站，这些事实却几乎没有被称赞过，但是这并不意味着我没有注意到它们的竞争对手并没有做到如此。

时间有限，内容丰富

在 20 世纪 80 年代的英国中部的一个小村庄长大，我记住了那时的无聊。当电视台 5 频道在英国设立的时候，我们进入了比之前充实 25% 的未来，算法太简单了。尽管有了 5 个电视频道，我的父亲依然信任 VHS 录音机，我记得那时依然无聊，我那时会观看斯诺克台球、草地滚球或者古董巡回秀；我记得那时会听收音机上的图表显示，手指停在“录音”和“播放”键上方，耐心而又渴望地等待我喜欢的歌曲出现，好能够及时录音。我的青少年时期很大部分都是无聊而专注的，对于一些我并不真正喜欢的东西全神贯注，我猜，是为了最大限度地利用稀缺资源。

我记得，从大约 2004 年开始，我就不再觉得无聊了。今天我们的主要挑战就是如何把 31 小时 28 分钟的活动塞到每天 24 小时中去。为了做到这一点，我们多个任务并行：看手机的时候购物；做饭的时候开着收音机；手提电脑上有便签条，手机在手里，电视当背景开着。现在我们创造了大量内容，比如，社交平台、来自朋友的照片，以及比之前任何时候都多的有脚本的电视节目。电影多了，歌曲多了，网站多了，每件事情都多了。我们现在的问题是内容太多而时间太少。

常常，事情的走向像牛顿物理学一样：每一个作用力都有一个相等的反作用力。正是因为百威轻啤的这种一致的依赖性让工艺啤酒运动变得有意义。正是假日酒店的“无聊却舒适”的保证使爱彼迎的“当我到那儿的时候，他们真的在那儿吗”起了作用。消费主义也是一样。那些在不公平下成长的人们现在用对奢侈品持久的爱来表达自我和地位。正是布加勒斯特野兽派公寓的平淡无奇，意味着室内设计文化的蓬勃发展，以及部分特别昂贵的室内设计店铺的兴起。

也是这种同样的动力解释了大部分西方世界内容的转移。那些今天在发达国家的 30 多岁的成年人也许都有一个肆意消费、物品多于所需的童年。当你 15 岁就能获得你想要的电视，16 岁就能按照标价获得你想要的衣服，那么你从来不会真正知道什么是稀缺。但是，忽然间你却不喜欢物品的概念了。

现在很明显，在这个时代，我们生活中最大的问题不是物资匮乏，而是在各个方面物品都太丰富了。我们的工作岗位比实际需求的要多，我们的城市数量比我们真正需要居住的要多，我们结过的婚也比我们应该结的次数要多，饭店也比我们吃饭需要的多。当你明白了这一点，你就可以更好地打造一个适合这些人的公司。

在内容丰富时代的工作步骤

在向这样一个内容太多而时间太少的世界过渡时，有三件事情很明显。

1. 让人们能更容易地买到你的产品

你卖的每件东西应该尽可能简单。Casper 只卖一种垫子，Allbirds 只卖一款鞋。我们已经为了“长尾理论”奋斗了很久，也就是希望有一天人们可以买到所有东西。可是，为了显示出商品的独一无二，越来越多地，我们要么只提供少数商品进行销售，要么使用个性化的软件来表现这一点。让我们缩短采购流程，广告变得也可以买卖。现在，我们的电话、平板、手提电脑、手表和越来越多的电视成了世界上各个零售商的店铺。这些设备上的平台现在知道我们的信用卡细节或者收货地址，而且很快会知道我们的尺寸、口味和需求。理论上讲，只要轻轻滑动手指、用拇指摁一下或者喊一声 Alexa，互联网上的每条广告商品都可以马上送达。

2. 让从人们身上赚取更多钱变得更容易

有些产业有长久的用简单方式赚取更多钱的发展史和记录。航空公司在预订流程中对快速登机和选座收取费用，但是因为这个预订流程对接得太过无缝以至于人们从来没觉得麻烦。实体零售店在收款台提供小小的购物冲动。但是这种观点并没有普及。

人们太忙了，没有时间思考，精神负担和时间成本常常比花钱还要昂贵。要把人们和金钱以前所未有的速度快速分开。

3. 制造超群的产品并创造需求

有一种奇怪的感觉，随着广告业的发展，某种程度上来说，品牌的重要性正在消亡。这与真相差之千里。我们在生活中面对的选择越多，我们就越看起来不想买东西；我们的时间越少，清晰的品牌和感受的意义就越重要。当然，“制造更好的东西”是老生常谈，我们早就知道了。每一个企业中的每一个人都应该思考的是如何生产出更有意义的好茶壶、牛仔裤、训练鞋……我认为，每一家公司在用简单且优秀的产品获取成功方面拥有巨大的潜力，而且在用品牌更强有力地把人们连接起来方面，也存在潜力。

我们的能接受消费理念已经从单纯买东西到了想要一个个性化的产品且现在马上就要的时期。最好的两个例子是苹果手机和特斯拉 3。

在苹果手机面市之前，手机主要“被”销售或者免费赠予人们。你只需要续签合同，然后看看可以获取什么酬谢。人们对手机没什么兴趣。这个决策体系结构是，“我需要续签合同”“我应该选哪个运营商，价格是多少”。在 2002 年，你会选一台翻盖手机或者直板手机。在 2004 年，你会选一台拍照手机或者音乐手机，或者为了发电子邮件选一台“商务”手机。2007 年，苹果手机完全地改变了这个采购漏斗。人们从“被卖给”变成了“购买”，从基于网络选择手机到基于手机选择网络，从等到合约结束到“我现在就要终止，不在乎会扣多少钱”。

某种程度上来说，特斯拉 3 也是一样。当租约结束，人们会更换车辆。他们先确定车型，然后缩小品牌范围，之后再试开几辆车，最后做出选择。特斯拉 3 让那些有新车的人想换车，让那些车型不同的人想换车型。我不需要汽车，我讨厌拥有这样东西，而且停车费很贵。但是，尽管我不想买车，我仍然想要一辆特斯拉 3。这种诱惑、产品差异化和品牌一定是每家公司渴望拥有的。

普及互联网

如果你问一个 60 岁的普通人，他们花多长时间上网，他们也许会说每天 3 小时。问一个 40 岁人的代表，他们也许会说 4 小时。总的来说，比较年轻的人会花更多的时间上网。一个 20 岁的年轻人也许会说他们每天花 5 小时来上网，但是，如果你问一个 14 岁的青少年，很多时候，他们会变得沉默。相信我，因为我问过。他们回答不了这个问题。今天的年轻人没有“上网”的概念，因为“不上网”的概念对他们来说不存在。还记得吗，我们曾经在聊天室里打下 BRB（马上回来）的字样？今天的年轻人不会这么做，因为他们从未离开。

消费只是我们活着的一部分，它甚至不是一种行为，仅仅是个举动。我们误解周围的世界，归因于我们的记忆和我们为了适应新世界缓慢添加东西的方式。我对互联网第一次的体验是在大学时候，那时大约是 1997 年。我记得，那时先听说了电子邮件，然后有了一个账户，但是就像这个星球上第一个拥有手机的人一样，我不知道应该给谁写信。过了很长时间，我才给我的父母申请了一个电子邮箱账户，那时他们甚至是第一次上网。电子邮件后来发展得怎么样了呢？反正我和我的父母至今关系都很好。

不知道你注意没有，今天我们很少见到开关按钮。很多设备像电视、电话、平板等，都是永久开机状态。互联网也是一样。我们现在有了环境连通的概念。我们一直以为，连接的东西都得有屏幕，调制解调器只能在线“运行”；逐渐地，只要东西有电，它们几乎一直都有可能保持连接状态。从电灯泡到艺术品框架，从烤面包机到汽车，从家门钥匙到手机，从电视机到钟表，从音箱到恒温器，当今世界由连接的设备组成。我们正在由商品走向系统；关乎的不是单个的商品，而是整个生态系统。逐渐地，让产品变得特殊的是它们如何与其他的产品协作，以及它们如何能创造性地解决问题而不只是埋头苦干。智能家居还有很长的路要走，但是当有一天它成为一个整体，在我们的周围无缝对接时，将会带来意义深远的转换：

恒温器可以与自动百叶窗交谈，从而来保持公寓的凉爽同时节省能源；照明设备知道你在哪儿，随着你的进出自动开关，同时随着时间和日程变换颜色和氛围。

公司能做什么?

1. 改变思维模式

随着互联网的发展，我们通过不断地添加东西对公司进行建造和调整。当互联网刚出现的时候，我们把“相关”部门“闩上”，然后贴上新的标签“数字”部门。我们招募最了解新科技的新职员，打造小团队，让他们随叫随到，邀请他们参加某些会议。随着世界的进化，我们重复同样的进程，建立“社会”部门，然后是“移动”部门，每个部门都有自己的工作区域，服务于 P&L 和客户或者代理机构，或者被它们服务。我们建造的架构仍然从我们记忆中的角度来看待世界。我们依然讨论电子商务或者移动电子商务，虽然实际上只是人们在现代社会买东西的方式而已。我们没有把目录购物称为“电话”商务；事情对人们的影响方式并不是很有意思。我们讨论流媒体电视和线性电视的区别，而这其实对人们来说没有任何意义。我们给一些频道贴上社会媒体的标签，而实际上现在所有的媒体都是社会媒体，且所有的社会媒体对人们来说本质上都只是媒体而已。

今天人们不用“电子银行”，他们当面付款、扫描支票、进行存储，根本不管用来传递信息的管道。他们不用数码摄影，也不会网上约会或者购买电子票去参加活动；他们携带图片，直接和人们约会，观看演出。音乐播放器和收音机的区别就是你能对它进行控制，听自己想听的东西，而不是因为它是通过一个不同的基础设施来到你身边的。

我们需要彻底地改变我们的思维模式，围绕人开展工作而不是销售渠道，探索出更好的方式为人们服务同时收取相应的费用，找到更好的途径使广告能够在不同的屏幕和背景间流动而不是关注事情是如何影响他们的。如之前所讨论的，我们的公司需要在结构上对准人的需求，而不是运输技术。

2. 搭建桥梁

我们讨论了很多"在线"问题，让人恍然以为仍在 2005 年。今天的人们不用上线。我们不用插入调制解调器或拨号，我们不会花费时间上网、用电子银行存款或者在线约会。在线是 2017 年的生活。我们仍然继续努力把生活分成数字的和非数字的。我们分别有 56% 的时间讨论"数字影响"和"移动影响"，有 37% 讨论购物决策。我们的这种做法表明，我们对今天的人们一无所知。

我们的现实并不会因为虚拟现实耳机而增强，但却会因为信息而增强。电话现在是我们主要的信息渠道，但是亚马逊 Dash 按钮、谷歌智能音箱、平板、手提电脑和其他附加品已经创造了一个真正混合的世界。下一步就是把现实与互联网的框架更好地连接起来。例如，尽管我并不像很多人一样对声音感到兴奋，但我依然觉得指导人们使用 Alexa 订购物品的电视广告很有意思，而且减少了复杂性。当 Alexa、Siri、Bixby 成为手机和设备的一部分时，你很快就可以对它们说话，这样不管你在哪儿都可以获取帮助。

地理定位是另外一个例子。理论上，当你在站台上等车时，你的手机可以显示列车时刻表；当你走进健身房的时候，你的健身应用程序会打开；当你抵达航站楼的时候，航空公司可以为你办理值机手续。当真实世界和网络被我们的位置连接在一起时，我们就可以自动获取相关的信息和结果。

二维码可以成为解决方案

从 20 世纪 90 年代晚期开始，二维码就占据了日本人的生活，也已经在中国大获成功，但是却至今没有真正被西方接受。没有人知道这是什么或者怎么用。他们需要下载一个专门的应用程序，或者把二维码嵌入到另外一个应用程序中。没有明确的使用案例、没有现存的行为模式和下载产生的麻烦结合在一起，扼杀了所有的尝试。在 2005 年，我确实曾努力制作西方的第一个二维码广告宣传，但是我觉得它们只被扫了两次（而且很可能都是我扫的）。

二维码有很多好处。免费使用，免费制作，分配也是免费的——它是一个可以在几秒钟之内被动态创建出来的图片。可以把它们放在任何你想要的地方。杂志上、商店里、服装上和标志中。还可以把它们加密，变得安全，从而用来支付。因为二维码的本质使然，它反过来创造了一个良性循环。

现在，Spotify 音乐播放器把二维码植入到了它们的应用程序中，让你可以在几秒钟之内就能共享音乐；Shazam 在增强现实中使用二维码，赋予了名片生命。最近，苹果在 iOS 相机中植入了自动扫描二维码功能，谷歌则在它们的浏览器中添加了二维码这一明确的选项。现在，我们有超过一百万台的设备都可以使用二维码。

如果我们现在能找到一种方式，来挖掘出二维码的力量，从而创造美妙的体验并将其作为奖励回馈给人们，那么未来面向消费者的旅程中，将会呈现很多吸引人的机会，将真正的价值传递给消费者，将真正的投资回报率传递给品牌。通过创造能够直接购买商品的平面广告，我们可以将觉悟和顾虑自动转换成购买。我们可以扫描酒瓶，通过附加成分链接获取鸡尾酒的配方；通过扫描牛仔裤的标签，重新订购一条我们喜欢的牛仔裤。这样做可以驱动额外的购买和持有。

二维码代表了一种没有得到广泛开发的科技，因为它可以在消费者的旅程中将真正的价值传递给他们，可以让品牌拥有曾经错过的机会来创建对于购买最关键的两个贡献点——忠诚和支持，以及可以增加触点和减少摩擦。当我们通过二维码这样的科技看到消费者的真实需求时，我们可以为他们、为品牌传递更多东西。

连接设备

现在的数字融合意味着大部分设备在本质上是很相似的。曾经我们拥有的设备是单一功能的，不同设备功能不同，如收音机、电视、随身听、视频播放器、电话答录机等。每件东西都完全不同，而且每件都是一个生态系统中很重要的一部分：电视机和电视节目、电视发射器以及电视遥控器。

而现在的设备在功能上非常相似。平板是表面上的大型手机，手提电脑是有键盘的大平板，智能电视是没有触摸屏的大平板，甚至是智能手表都更像一个平板而不是手表。我们平常使用的物品大部分本质上（原谅我的这种表达）都是黑镜子——显示移动图片的单块长方形玻璃，它们都要与互联网连接，都能发出声音，而且还可以通过蓝牙这样的科技互相连接。这些分开的物品最迷人的不是它们的功能，而是它们的消费背景。在某种程度上，平板和手提电脑主要是输入数据和完成内容的工作设备；智能手机成了可以浏览、查看小块信息的平面，同时也是（大部分尚未被开发）和现实世界互动的一种方式，可以进行支付、打开酒店门或家门甚至车门，可以作为飞机的登机牌上、保卫处的进门证、活动的入场券等。逐渐地，我们的手机不再只是和他人互动、获取信息的主要途径，而越来越是一个通往其他屏幕的切入点。它是我们数字太阳系的太阳。

逐步私人化的屏幕和数据

我不知道数据是什么时候变大的。几年前我们没有注意的时候，有些事情肯定发生了，也可能是在夜里，当我们经过一个随意的尺寸标记的时候。当我们说“大数据”时，感觉我们意犹未尽。现在我们有更多传感器来测量更多的东西，同时随着连接的增多，我们能够更加便利地共享这些。更加强大的处理能力和更加便宜的存储意味着我们可以做更多。听起来很棒，但是又能如何呢？

我认为，数据的主要能力在于形成和做出决策，以及评价已经做出的决定。确实，这是数据存在的意义。但是，当我们讨论数据的规模时，我们庆祝错了对象。因为，我们真正需要的是对更重要的事情做出更快、更好的决策的能力，然后在此基础上进行优化。大数据真正关乎的是意义深远的决策制定。在这种情况下，我们可以看到真正重要的是数据的稳健性、清晰性和亲密性，而不是它的规模。幸运的是，消费模式的改变让这一切变得更简单。

我们生活中的主屏幕随着事件不断变化。第一个出现在我们生活中的屏幕是 19 世纪晚期的电影屏幕。那是一个巨大的屏幕，我们和其他很多人坐在很远的地方一起观看，而且对屏幕没有什么控制权。我们能做的只是，要么待电影院里面，要么走出来。下一个屏幕被发明是在将近 100 年后，即电视屏幕。这一次，我们几个人更近地围坐在一个更小的屏幕前。但是，我们却有了更多的控制权，我们可以换台和调节音量。随后出现的是电脑，包括手提电脑和私人电脑。这时，屏幕更小了，我们离得更近了，而且我们只能与一个或者两个人共享。在这个屏幕上，我们可以为所欲为，我们可以支配互联网，拥有我们所知的最大限度的控制权。

到目前为止，我们生活中最近和最新的屏幕是智能手机。在这里，我们能看到完全相同的趋势线。智能手机有我们所知的最小的屏幕，而且我们离我们眼睛最近，只有几英尺。而且，我们对智能手机的控制最多。我们可以触摸、轻拍、晃动，甚至用力按压它，而它会带给我们一个可以触摸到的、更加拟真的体验。更重要的是，它是最私人的物品。这意味着，在任何时候你的屏幕都能及时了解你的位置，明白你的行为模式，知道你的感受以及你的人脉。它知道天气、时间、你的情绪、你的喜好，以及最新的研究。这个设备甚至可能比你知道得还要多。

当一个修电视的人到了家里，我们不会介意让他们自己待着；当我们的工作电脑需要升级时，我们会有一点担心。而手机则不同。如果让一个人把他的手机解锁，递给另外一个人，即使只有几秒钟，他也会觉得不安。手机是我们已知的最私人的物品。它知道有关我们的一切：通过我们的声音能够检测出我们的压力水平，通过加速计可以了解我们的活动量，知道我们曾经去过的地点，知道气压计的压力记录、我们的社会活动和浏览记录，等等。它们能够合理地判断出我们所在地的天气、我们计划去的地方、我们已做的事情，甚至一定程度上能够推算出我们的所思、所需。

理论上讲，这种趋势会继续。我们会拥有另外一种更小的屏幕，离我们更近，可以测量更多更加亲密的细节，它所依存的体验涉及范围更广且更易被感知。在这个理论中，意味着智能手表或者虚拟现实耳机会成为常态。对我来说，人性是个很大的问题。我们很讨厌把科技放在我们脸上，从谷歌眼镜到 Snap Spectacles 都可以看出，脸对我们来说太重要了，除非是社会进步，不然很难接受在脸上添加东西。我没有把虚拟现实当作下一个智能手机或者下一个电视机，而是游戏中的一个巨大商机，仅此而已。智能手表更有可能成功，但是却不够时髦。对很多人来说，财富可以表达你是谁，而不用来表明你知道一切。在一定程度上，断开连接、活在当下也许很快会成为身份的终极。

利用私人数据的力量

第一次改变源于数据。如果我们戴着手表，穿着聪明的衣服，用着有知觉的勺子，那么，我们的心跳、情绪、位置、压力水平、日程和研究活动都在被记录、共享和分析。如果我们想避开现在特别明显的对隐私的顾虑，我们可以用我们所能拥有的最棒的数据来武装自己。忘掉大数据。当你有了私人数据，其他的都不再重要。

时刻以人为目标

未来的广告也许是汽车里被推荐的路线；也许是智能手机上的通知，告诉你将要下雨，或者一辆优步共享单车在附近；也许是智能手机上的感应器检测到我们有压力的时候提供度假村的变现码。

个性化交流

如果我已经买了白色的裤子、一个烤面包机或者去洛杉矶的航班，那么我不可能再买这些东西，但是往往我买了之后才看到这些产品或者服务的广告。

但是随着结账数据、信用卡数据以及推荐引擎等行为数据越来越多，我们可以做得更好。我们将很快见到一个新的个性化广告的时代。比如，我们想买一些贵重物品却没做决定，过了一段时间，我们将在最合适的时间看到这些物品的广告，然后下定购买的决心。我们将会看到一些能够完美搭配我们白裤子的商品广告。科技发展得太迅速，很快，广告位置和广告本身都会变成自动的。

我们将会看到基于实时定价、实时可用性、天气和成千上万其他数据点的个性化视频广告。未来的艺术指导和文案撰写队伍将会是算法和中央处理器。

即时通信的一对一交流

世界上增长速度最快的科技和行为是人与人的即时通讯。它的快速发展摧毁了短信业务，使全球 25 亿人拥有了即时、对等交流的力量，而且这个数据预计到 2018 年会增至 36 亿（*The Economist*, 2016）。但是却似乎没有什么企业注意到这一点。

营销沟通的持续匮乏则意味着对这一点的彻底忽视。大部分公司认为赞助一下表情符号或者冠名几个键盘就是对世界的探索了。有无数公司希望把广告插入我们的日常私人交流中，它们甚至更没有想象力。实际上，这种沟通渠道代表了一种对零售、客户服务、品牌体验和一对一消费者关系管理理念的全新思考方式。每年，广告界要花费 6000 亿美元发出讯息，希望通过这些美妙的讯息，那些聪明的目标人群会点击、购买、打电话或者发现更多。这种希望是“人们想与品牌交流”，但是企业却常常拒绝提供电子邮件客户服务，更不用说即时通讯了。

讨厌打电话的一代人已经成熟，即使是那些与电话一起成长的人，和口头表达比起来，更喜欢简洁的文字交流。实际上，（一项电话科技研究表明）有 72% 的人认为打电话是服务消费者所采用的最糟糕的方式。

与打电话和电子邮件相比，即时通讯有以下几点重要的独特优势：

安全：和电子邮件、“蜗牛”信件，甚至电话沟通不同的是，即时通讯方式可以有保证地与特定的、正确的、单独的个人进行交流。使用指纹身份验证或者面部识别来解锁电话，创造了我们已知的最安全的平台。不会再有密码或者口令，只有顺畅的、私人的、安全的服务。

直接和非同步：没有人愿意等别人回电话，或者缓慢的电脑回复。而即时通讯则提供了直接和非同步的交流，使客户服务代表在进行调查研究时可以多个任务同时进行。有些地区没有信号会导致电话中断，而即时通讯则没有这种问题，同时意味着可以为几位客户同时服务。

信息更丰富：即时通讯平台的信息包括位置示意图、图片、视频、金钱、附件和其他丰富的项目，引发更加广泛的对话交流。想知道库存中有什么鞋吗？一个快速的即时通讯就可以搞定。

对商业的意义

1. 每个人都有机会

所有的服务公司都应该通过即时通讯为消费者提供服务和信息。而且，也不应该为不能使用文本找借口。从下订单干洗衣服到预约理发，再到从设计师手中直接购买物品，甚至是获取一手新闻，我们在手机上进行业务处理的主要模式都应该使用即时通讯。想象一下这些可能性。

定位技术让人们可以订个比萨送到他们当前的位置。应用程序接口这样的技术将多种其他服务信息重叠植入到信息传送中。例如，人们在使用 Facebook Messenger 时，可以通过优步预订出租车，通过 OpenTable 在餐厅定位子，或者通过 Fandango API 预订附近的电影院座位，既快速又安全。

现在很多航空公司在推特上提供相当不错的服务。你可以用它很简单地更换座位、重新预订航班或者取消机票，但是明明即时通讯可以更快速、更安全、更私人化地做到这些，为什么还要使用推特笨重的界面？从租赁汽车到确定可租赁车辆的位置，到埋单，再到提交发票，即时通讯将会是最好的平台。

2. 不要将即时通讯与机器人混合在一起

聊天机器人是两种惊人的革命性科技的重叠：即时通讯遇到人工智能。

聊天机器人的概念和想法的基础是即时通讯，靠人工智能技术进行运转。但是，真实情况是它们没有那么好。目前人工智能的情况，除了谷歌、脸书、大学实验室和屈指可数的其他机构的动力室以外，更像是一种高级的计算程序。实际上，今天的聊天机器人界面像是从呼叫中心菜单发展过来的一种可视的用户使用行为。不再是“按 1，西班牙语”然后“按 5，客户服务”，而是为固定的问题提前设定有限的选择项目，我们甚至都不能忽视这些问题。如果你输入一条没有预先设定的合理句子，很快就会进入错误领域。

在销售、销路拓展或者利益转化方面，聊天机器人提供的似乎都是特别差劲的解决方案。花费几十亿美元做广告，希望在某个神奇的瞬间，有一个潜在客户会尝试联系你，而在这个美妙的时刻，你却把他交给一台电脑去接待，只因为你无法支付人际互动的成本，这一切看起来特别奇怪。

在这种节约成本的背景下，对公司来说，使用聊天机器人的收益在服务客户方面更明显——将网站上的常见问题解答版块转换成交流的形式，把客户服务相关问题传达至最合适的部门，核算火车路线或航班的开放时间或更新频率——应用的潜力还有很多待发掘。

零售的分支

购物正在见证同样的分裂，从“体验品牌”的方式正转换到“终极放松”的途径。

购买很简单

我非常确信，在现代社会中没有人会无聊地在亚马逊上毫无目的地闲逛，简单的内容管理系统、难看的产品展示图片和功能分类的设计初衷都是为了使购物尽可能地简单和无缝对接。但是，却一点儿乐趣都没有。

当一切都高效运转时，在亚马逊上买东西都不能称之为一种体验。这是一种体验的缺乏，甚至让人很难记住。曾经有一次，我买了两本同样的书，因为第一本我好像是在睡着的时候买的。这只是一个单纯的例子，来表明购买中所有的障碍和每一点摩擦都在被移除。无数的 A 或 B 测试的最终结果是简单、速度和效率的不断优化。

这是购买的世界。在一个系统中，外科手术用来减少认知负担，快速、简单和无障碍地进行决策，当然，是在决策不是自动产生的前提下。设计这样一个系统本来是针对那些知道自己想要什么以及不用多想就想得到自己所需的人，但是，在这样一个选择太多而时间太少的时代，它却成了一种最普通的获取商品的方式。

所以，越来越多地，整个零售界似乎都在这样运转。贯穿整个零售过程的商品评论有一目了然的星级显示，给我们的购买增添了信心；亚马逊 Dash 按钮与 WiFi 连接，让我们漫不经心地一戳就能买到商品。

逛商场是一种体验

即使是最狂热的 M&M 迷也不相信，纽约时代广场 25000 平方英尺的 M&M's World 是为了充分满足纽约人在上午 11：45 时对巧克力的渴望。和所有的旗舰店一样，M&M's World 的存在是为了传达一种体验。它是会被牢记的购物，是一场发现之旅，是值得纪念的，是需要花费时间来品尝的。逛商场是购物的对立面。

人们常在实体零售店逛商场，因为这样最容易看到或闻到商品。逛商场是一种增加体验的方法。它是塞尔福里奇百货公司的互动香水实验室，是在哈维·尼克斯的自拍机会，是哈洛德百货的 Hardware Club，或者是 Le Labo 奢侈的香水实验室。咖啡店好像也学到了这一点：不必要的长时等待，酿造时的戏剧效果，以及知识分子咖啡店里剧院般的皮革菜单。

购买推动了农贸市场的发展，驱动了原产地之说的演变，促进了手工标牌的出现，也迫使农产品上有了似乎是后添加的泥垢。Provence 的薰衣草油工厂仓库和葡萄园里贵得很奇怪的酒窖都是这样的存在。购买在 Suit Supply 量身定制的西装，在这里，商议也是体验的一部分。

如何应对

找到一个方向，发展到极致。零售商需要确定它们的发展类型，并且努力工作将其最大化。要么是系统地简化所有的复杂，要么是一种让人愉悦的方式让其变得更复杂。不要卡在中间。

中老年

现在企业满脑子想的都是千禧一代，不停地讨论如何把他们变为自己的客户，如何让他们在工作中有宾至如归的感觉，思考他们的行为方式和不同之处。但是，我却认为我们的目标对象错了。50 岁以上的人拥有发达世界 80% 的财富，但我们却从未试图与他们对话。

千禧一代并不是所有潮流的创造者和生产者。生活并不是从他们开始，然后再出发的。

在市场学中，我们有另外一个理念，即青少年时期是成型时期，因为我们长大以后会忠实于我们年轻时所体验过的品牌。但是我现在关心的为数不多的几个品牌（Rag and Bone、Virgin Atlantic、Design within rich、Waitrose、Standard Hotels、Sonos、特斯拉），差不多都是去年才了解的。事实一直都是这样。品牌在改变，产品在改变，人也在改变，这不是一个在减速的循环，而是恰恰相反。

我不知道销售人员有没有注意到这一点，但是从老年人的表现和行为来看，他们好像从没发现。我们已经从 Victor Meldrew 到了 Helen Mirren，这一代人有着惊人的旺盛精力，而且极其自信和聪慧，恰好，他们也拥有世界上的大部分财富和大把可以花钱的时间。

参考文献

[1] Loras，S（2015）

Why have QR codes taken off in China? 15 November，available from：https：//www.clickz.com/why-have-qr-codes-taken-off-inchina/23662/（参考日期：2017. 12. 11）

[2] Marketing Charts（2016）

Digital devices now influence the majority of US in-store sales，20 September，available from：https：//www.marketingcharts.com/industries/automotive-industries-70812（参考日期：2017. 12. 11）

[3] *The Economist*（2016）

Bots the next frontier，9 April，available from：https：//www.economist.com/news/business-and-finance/21696477-market-apps-maturing-now-one-text-based-services-or-chatbots-lookspoised（参考日期：2017. 12. 11）

09 为新世界做好准备

在一本满是大胆的宣言和个人观点的书中，最让我感到担心的一章就是完全预测未来的一章，因为我觉得，在未来我的这种行为会像个傻子。互联网上现在满是聪明人在做一些愚蠢的预测，所以为什么我要承担这样一种把自己变成傻子的风险呢？

答案包括两个方面。首先，我觉得对公司来说，开始看得更长远是非常重要的。我们都会生活在未来，所以，我们有必要花时间思考一下未来，并努力明确出我们能够和不能预测的内容，以及我们的自信程度。其次，以科技为导向和以数据为驱动力的人们和文化看起来“拥有”远见的理念，而我很担心他们的远见水平。我看到有太多的文章和太多对未来的清晰预测，而这一切的基础却显得似乎对人类一无所知。所以，本章旨在向未来投进一束引导的光线，刺激引发争论，展示出我们所知的和我们未知的。本章将帮助人们了解企业、品牌和人们将会面临的未来状况。我希望你能够利用这些来确立所要面临的挑战和机遇，并挖掘出其中所蕴含的潜能来马上进行适当的改变。

看向更远变得前所未有的重要

如果从这些加速的时代往回看，也许我们感到一丝欣慰，因为，以前事情从未改变得如此之快。从新科技到不断变化的消费者行为和媒体的零细化，难怪人们觉得很难跟上。生活从未如此之快。

预测未来的需求也从未如此急切。当你开车或者乘坐其他交通工具时，你开得越快，你就需要看得越远。有几十年，规定答案一直是要灵活。公司进行调整以适应改变，组建囊括专家和通才的灵活团队。但是，如果快速应对依然太迟了呢？如果，采用前专业冰球选手韦恩·格雷茨的说法，我们早就溜过了冰球将要到达的点呢？

其实，诚实地讲，大部分公司没有几个人聚焦未来。现在，一般的工作和流程都是完全建立在近期或者遥远的过去基础上的。销售结果是很久之前的决策导致的历史性结果；从年度业绩到最佳方案的案例研究展现出了一个机构多年前的能力范围；即使是前瞻性的规划举措也始于之前的作为。今天，我们复制竞争对手的措施，而这一动力的齿轮也是很久之前就开始了的。如果我们现在选择照搬，就太迟了。假如真采取这样的一种举措，只能说明市场和商业人士的聚焦点绝对是在过去。

但是谁又能责怪他们呢？对我来说，在一次演讲中失去听众信任最快的方式就是提及任何涉及可以预见未来的内容。“未来学”的科学性看起来十分可疑。商业世界比之前任何时候都更需要改变聚焦点。我们生活在一个充满反叛者的时代，他们有着后发者的优势，可以有效利用最新、最好和最廉价的科技，同时，他们可以利用各种新行为。

我们需要一起去更好地谋划未来，同时改善我们确定潮流和转机的方式。我们习惯于抓住一些短暂、简单而又微小的东西。我们急于讨论飞扬的小鸟或者第二人生，我们试图马上消化掉聊天轮盘、Meerkat、Periscope或者糖果粉碎传奇，但是这些东西往往都意义不大。

相反，我们需要理解那些影响更加深远、革新能力更强和更加以人为本的变化。我们需要明白什么会更持久，什么会对商业、贸易、消费者行为、经济和品牌有更大的实质性影响，并因此做出相应的计划。

所以，秉着以上理念，有一些方式让我们可以更加有效地思考未来。

最重要的是同理心，而非科技

也许看起来潮流是由科技驱动的，但是往往它们是在反射人性。我们也许觉得自拍照既特别现代又相当临时，但是它们反射出了人类建立社交网、表达我们是谁以及创建一个相对平等且互相支撑的团队的需求。我们也许觉得社会化媒体是新事物，但是即使是拉斯科的洞穴也有“墙壁”。只有当你真正理解了人，你才会意识到，需要几代人的时间我们才会使用面部技术，因为，对人类来说，眼神交流和面部表达太过重要所以不能被遮盖。人性和科技互相磨合。即使是智能手表这样比较灵敏的穿戴科技也受众有限，因为对很多人来说，腕部是一项至关重要的来向世界宣告你是谁的不动产。很多人喜欢用它来展示自己高雅的品位，其他人喜欢用它来表露自己的社会地位和财富，但是今天看起来智能手表表达错了方向。从现状来看，智能手表显得用户痴迷于科技或者是特别自我沉醉，或者是他们需要紧跟时代中的每件新生事物。对大多数人来说，我不觉得这些信号有什么吸引力。

认知未来最好的方式就是去理解最原始的男人和女人。我们迫切想告诉这个世界我们是谁，从而组成社会联系、生儿育女和努力生存，以及为了达到这一目的去建造房屋、获取食物和安全保障。建立在这些生活信条上的品牌和公司都会发展得很好。

你必须在理解未来的过程中感觉和嗅到自己的道路。过去是未来的一个很好的预言，但是真正需要技术的是知道哪些永远不会变和哪些可能会变。生活中最难的一道题就是在那些不断宣告“这次是不同的”和那些频繁地叫喊“但是我们已经见过这些了”的领域中航行。解决这一问题的方式就是发散思维，让意识中的那些点连接起来。

预言更多的是关乎同理心和想象力，而非科学。我是幸运的，因为我的身份让我得以周游世界、去倾听和观察。在巴黎，你可以见到出租车司机因为优步无休止地罢工；在印度，你可以听到人们讨论中产阶级的爆发；在里约的贫民窟，你可以看到孩子们用智能手机看电视节目；或者在奥斯陆，你可以体验到超出预期的自助服务。在穿梭世界和生活的过程中，你开始找到自己的道路，开始发现事情应该和可能如何发展和被阐释。

我很奇怪那么多糟糕的未来预言是怎么产生的。

令人惊奇的是，那些拥有比特币的人预测比特币以后会行情很好，但是他们不是我们要问的人，因为创造一个能够成功的未来是符合他们的个人利益的。我看到，很多预言的基础是人们在一些他们甚至想象不到的情境中的行为模式。当你问一群人诸如“你会买一辆无人驾驶汽车吗”或者“你会让机器人照顾你吗”的问题时，完全得不到有用的答案。因为，问人们对一些尚未存在的事物的看法是极其天真的。

我们爱用线性方式来解读数据，但这样其实行不通。对亚马逊智能音箱的早期理解并不适用于智能手机或将其添加在智能手机上。在厘清过去、规划现在方面，数据做得非常好，但是对那些需要放眼未来的人来说，数据做得很糟。变革盛行于未来学的各个方面，但是总体而言，从未奏效过。数据表明，3D 电视将会占领世界，每家每户都会有气泡水机，到目前为止，世界上智能手机的数量应该超过了人的数量，我们将会一天 24 小时看电视。

很多潮流是以作用和反作用并存的形式存在的。正是因为我们的家中有一系列的新科技产品，大部分国家的人需要更加传统的房屋来连接所有集锦；正是因为沃尔玛、亚马逊和特斯科解放了我们的时间，我们才会想去农贸市场；正是因为我们在办公桌上吃了午餐，所以晚餐我们才想自己做。大部分潮流都有反潮流，只有了解了这一点，我们才能发现机遇所在。如果购物让我们觉得无聊了，我们应该去哪儿找乐子呢？如果我们现在在酒店过夜，那么企业将如何探索个性？

其次是相关科技

革新和技术绝不会发生在真空中。这远非一次有一个固定变量的科学实验。电动汽车的未来，与操控无人驾驶汽车的软件的变化并非是隔离的，与基于使用而非拥有汽车建立的商业模型也不是绝缘的，与通过使用改良后的电信结构让更多人可以在家办公的商业变化也不是互相隔绝的，与越来越多的人也许会追求自由职业的职业期待和个人目标的变化也不是毫无干系的。

一个预言中最难的部分是看到那些其他人完全不可能计算到的未知的第二和第三次序的影响元素。正如卡尔·萨根所言，如凯文·麦卡拉对关键科技改变的分析所做的补充，“在以前，很容易预测到很多人会有车，但很难预测到会有沃尔玛”（McCullagh，2017）。

有谁在见到移动电话的兴起之后预测到表情符号的出现？本尼迪克特·埃文斯有一个很吸引人的论点，那就是电动车辆会因为减少癌症死亡而挽救成千上万条生命，因为电动汽车会导致加油站基础设施的锐减，而正是加油站激发了购买香烟的冲动（Evans，2017）。

我们需要想一想，当虚拟现实耳机取得成功之时，会对飞行产生什么影响。在 3D 打印的世界里，移动商务会怎样？如果我们使用多式联运应用程序，电子滑板车会发生什么？到处都是无法预料的结果。如果机器人开始接手很多人类的工作，它们会在新领域创造更多的工作吗？我们可以通过它们为自己免费生产的收入支付的所得税赚钱吗？在这种情况下，生活的意义是什么？我们有了更多的时间观看猫视频，还是终于有时间写诗和阅读俄罗斯文学？

所有预言的关键是要明确当全部的点排成一条线的时候会是什么样。这需要平衡感情与数据、想象力与技术知识，以及必然的确定与对未知的想象。当你这么做了，你就能够建立一个装满合理性的锥形体，这就是某些长远观点的来源。

超前计算和无缝性

大致说来，到目前为止我们经历了网络的三个时期，每个时期由三种明显不同的行为所界定，且每一时期都有自己的成功者和失败者。而让事情变得更有意思的则是下一个时期。

门户时期

消费互联网的第一个时期即门户时期：互联网就是一本以网络为基础的杂志。

支配这一时期的用户与统治前数字化世界的是同一波。我们只是简单地把原来印在纸上的信息放到屏幕上。在这个 2004 年之前的世界中，像雅虎、Netvibes、Excite、Lycos 和 AOL 这样的用户成了我们通往互联网的大门。它们把信息当作文件存储起来，或者像档案柜一样把信息按目录分类排列。我们只是把前数字化世界的结构照搬了过来。我们在这一时期的行为方式也很像阅读杂志和报纸，我们与信息提供者相关联，然后主要沉浸在内容的无底洞里。这是一个以网页、书签和日常生活为基础的互联网：互联网主要以文字、简单的图片和不频繁的链接为主。

搜索时期

第二个时期是搜索栏成为互联网新入口的搜索时期。2004 年以后，我们经常访问的第一站不再是满是信息的页面，而仅仅是一条搜索栏，别无他物。第一次，我们掌控了局面。谷歌的页面级别成为了这一切的促成者，但我们却依然处在导航者的位置。信息并不能直接跑到我们面前，我们需要自己去找到它，但是每个人都可以贡献出自己的薄力，于是，互联网在普及度和深度方面有了爆发性的进展。

这一时期的网络更加有深度、更丰富且更加民主。内容隐藏在诸多结构之后，但是通过复杂的搜索计算程序，却可以被拉扯出来呈现在我们的浏览层。这一时期的互联网就是网上冲浪时期。我们在互联网的顶端浏览一切，一次性打开 10 个，然后是 20 个，接着是 30 个浏览窗口。这一时期的赢家是谷歌，它是所有浏览器的橱窗，拥有大部分数据，而且它还有后来可以自己做广告的用户界面。

社会时期

第三个时期的大赢家是一些社交网络。从脸书到领英，从推特到阅后即焚，这些占据统治地位的新型浏览形式建立的基础是，知道人们在分享、建议、传播、转发时喜好的内容。2006 年之后，正是这些公司在招揽用户和吸取流量方面做到了最好。

当然我们仍然在使用搜索，但是在过去几年里，使用程度却大幅下降。我们越来越多地在移动电话上使用互联网，但是我们在移动网络上的大部分时间都花费在社交媒体上。我们也许可以登录银行应用程序的小入口，来看一看我们的收支情况，但是我们更可能会把更多时间花在脸书、微信或者其他面向社会的体验上。

社会时期是网络至今为止最完整和成熟的版本。我们抛弃了主页，取而代之的是，因为我们的朋友或者我们追随的人或者智能计算程序，当我们上网时，呈现在我们面前的信息和互联网版本很可能是和我们最相关的。我们的搜索结果基于我们的浏览历史，所以，脸书呈现给我们的是我们最想看到的，或者至少是最适宜我们的；推特展现出来的则是我们已选的倾听对象认为我们应该看的、更加简单和更加纯粹的集锦。

事物的互联网

互联网下一个时期的主要驱动力首要来自数据，同时也来源于对数据更好的处理和更加智能的反应。如果说互联网一直都是人和信息的联结，那么下一个范式将是事物被添加到这一混合体上。我们将很快处于一个计算机有效地成为我们的支撑功能的时代，它们将成为我们周边的辅助层。

软件开发商艾里克·雷蒙德曾有一句非常有名的表达，被本尼迪克特·埃文斯所报道。他说："一台计算机永远不该向用户问任何它能自行检测、复制或推断出来的信息。"（Evans，2016）

随着越来越多的数据被越来越多的事物记录和共享，逐渐地，我们需要告诉计算机的是更少的东西。

在不久的将来，计算机技术最大的希望是传感器的大幅增长，它们之间的交流方式可以大幅提高，再有一个更加稳健的系统能够看到过去的行为并做出预测，同时（最重要的是）人们对于我们能够依赖计算机做什么的态度有了更大的进步。这一切都意味着计算机技术将变得个性化、有辅助性和预见性。

这一切为品牌做出更好的广告提供了惊人的机遇，也使公司为了服务这一新期望而改变自己的商业模型。随着时间的推移，我们有了更少的时间和更多的选择。像语音界面这样的科技将减轻事情发展所需的认知负担，将来更有革新能力的将会是决策的自动化和"轻推"的概念，或者关键语境的建议。对企业来说，想一想它们能从这种智能创造的机遇中开采出多少能量将会是很有吸引力的一件事情。如何让人们下更多订单？如何让人们投资更加昂贵的系统？如何让每件事情变得尽可能既灵巧又无懈可击？

预知性网络：互联网

关于这一点，今天我们看到了很多迹象。比如，谷歌扫描一下你的电子邮件，就可以自动获取航班信息，然后把它们添加到你的日程上。某些时候，每件事情都可以相连且有效运转，但是在此之前，我们却卡在蠢笨和机灵之间——事情的过渡时期，我们称之为互联网。

很快，我们就会看到我们周围的世界在变得智能。现在，我们有亚马逊的私人助理 Alexa 和菲利普的私人无线照明 Hue，后者意味着我需要多花点时间考虑一些家里的照明，而不是像过去那样使用一个电灯开关。但是很快，也许当我在一月的某个周一的夜晚回到家里的时候，家里正播放着我最爱的爵士乐，灯开着且昏黄温暖，而且房间会根据我回家的时间提前打开暖气，这使用户界面遇到的挑战增强且充满吸引力。它是自动的吗？它会不会轻推我一下，问我“是否设定周一夜晚模式”，而我只需要确定一下？

对于我们可能的行为、需求和想法，预期计算将做出持续的微观预测。稀少的情境信息和智能化的建议或助推将会无缝地辅助我们生活的很多方面。这些为品牌做出更好的广告、为公司改变商业模型以服务新的需求提供了惊人的机遇。

隐私交易

美国军方早期互联网原型创始人之一兼谷歌高管文顿·瑟夫曾说：“隐私可能是一个不符合常理的事物。”（Ferenstein，2013）

很长时间以来，我们尽我们所能地守护我们的隐私和个人资料。但是逐渐地，我们可能会首先放弃这场战争，然后聚焦在如何将它与一些有价值的东西进行交易。

现在，真人秀明星接连变富，每一个 Instagram 用户看起来都想成为被打赏的有影响力的人。所以，生活在这样一个时期，一方面想变得出名、受欢迎和被嫉妒，另一方面想让人们对你一无所知，这看起来相当奇怪。隐私是一个复杂的问题，但是我们至今已经共享了这么多，如果因为我们的生活几乎无秘密可言而感到震惊会不会也不现实?

我们处在一个岔路口：有些人极力守护隐私，有些人小气地逐步放手，而有些人则要么对其一无所知，要么对其没有保护的需求。我有一种感觉，维持隐私的战争很快将会变得艰难，因为共享数据带来的利益将会变得很清晰，以至于人们将会接纳隐私是一种可交易的资产这一观念。

我们年轻时犯下的错误就是被时间的激流推到了一边：今天，孩子们的错误也许可以通过服务器在全球展现，而我们当初却只能局限在学校或者社团的小圈子。但是，如果孩子们连隐私的概念可能都不知道的话，他们怎么会怀念这样的东西?

其实，我们对隐私的交易比我们意识到的还要早。我们使用的商店赊购卡会记录我们的购物清单，并将这些数据汇集起来匿名卖掉，然后利用这些向我们提供特殊服务并给予折扣。当我们使用手机和谷歌交通的时候，为了更大的好处，我们共享我们的速度、位置和心得。浏览和搜索历史用来为我们提供更加相关的数据；医疗保健的基础是病人的数据和历史；像 23andME 这样的公司则使用 DNA 记录。这些已经温和地侵蚀了我们的隐私，而我们却几乎没有得到任何回报。

我认为，在不远的将来我们也许会断然地转向去拥抱隐私交易。要考虑的有以下三个关键元素。

信任

看起来，每周的数据泄露和修改意味着我们将需要在数据安全和管理方面有着强健记录的公司。而且，我们很可能想到的是亚马逊或者谷歌这样的公司来为我们记录、存储和管理数据，而不是脸书这样的。如果我们让这些公司托管我们最私人的细节，那么，对于隐私交易这一概念我们有了一个潜在的基础。

透明和可控

为了保证隐私交易能够有效运转，公司对于它们持有的数据内容以及对数据的使用情况需要做到清晰、诚实和透明，同时持续地为我们提供控制和修订数据的机会。知道你买了一台电视是一回事，知道你的血液检测结果或者遗传密码则完全是另外一回事。例如，如果健康保健公司能够获得某些这类信息，我们就会有大麻烦。

价值

所以，如果说关键是让隐私交易值得人们花时间，那么，对于数据记录、存储和使用的巨大价值，什么可以拿来与之交换？

虽然今天我们对于数据讨论很多，但是种种迹象表明，公司知道的并不多。我会看到我刚买的手表的广告，或者我现在居住的高档住宅区的租赁信息；你刚买了一把卷尺，亚马逊就认为你准备开始疯狂收集它们。

我很享受这样一种心理实验，即假设公司对我几乎了如指掌。我今年 38 岁，经常旅行。这将会是一个糟糕的世界吗？我将不再收到间皮瘤类诉讼、伟哥的电视广告或者雪佛兰汽车的租赁信息，而是有人可以有机会向我展示一款博柏利新款男包广告，或者一个提供更好医生的新应用程序，或者是一条极好的广告，宣传一家将前卫简约作为潮流的新生活时尚服装公司。这会怎么样？我知道这些公司已经准备好花大价钱来让我看到这些广告。其实，如果我看到的广告少一些，这些广告目录会更有意义。如果我看到的是数量略少但相关性更强的广告，我肯定会更开心，品牌也会更开心，同时靠销售广告空间盈利的电视频道也可以赚更多钱。

让我们假设我的银行和信用卡公司全程掌控我的位置，那么，也许我的航空公司、我住宿的酒店或者我访问的零售店也会知道。实际上，为什么不能每个人都知道我在哪儿呢？

在概念层面上，对于探索这些数据将如何使用，我没有什么问题。我愿意看到人们把关注点放在这些数据如何以一种每个人都适用的方式进行存储和管理上。也许我并不介意与广告商共享我的信用卡消费信息，与银行共享我的电视习惯。也许我只是想让事情能为我所用。

作为这个系统的一部分，我们很快会发现生活中的摩擦因此消失了。在今天，依然每天都要输入密码、用户 ID 和其他账户信息，甚至一天要输入好几次，简直太惊人了。据估计，每年仅仅因为丢失的密码就要浪费 160 亿美元（Loftus，2010）。在未来，事情将无缝对接，密码会褪至背景中，而我们将通过面部、指纹、声音、心跳或者其他方式来无缝地获取准入许可。

这里的主要理念就是我们要停止从过去获得假设。一直以来，我们蹑手蹑脚地绕过隐私，好像它是一个可能被惊醒的野兽。为了不被注意到，我们找到了很多种做事的微妙方式，却几乎毫无作为且没有提供什么明确的价值。我们可以换一种方式开启交流。我们可以着手弄明白能把什么最大化作为价值提供给人们。对于人们愿意与我们分享什么信息，我们可以和他们有更多更加诚实和开放的交流。而且，如果他们信任我们，我们可以为他们创造更加个性化、更好的体验。

对公司来说，在未来进行隐私交易的利益清晰可见。随着我们从更多人那儿获取更多的数据，我们可以前所未有地帮助人们做出决策。我们可以提供很好的体验：不需要你提供任何信息，酒店可以在你入住的时候欢迎你；根据你频繁的飞行状态，飞机可以为你保留座位。

智能的云端

设备正在变得更加智能和有帮助，云端已经将智能渗透到我们每天使用的科技中。

对于智能的未来，有很多讨论。亚马逊智能音箱应该是第一个将这一理念付诸实践的。它是至今可用的最智能和便宜的设备之一，虽然它实际上只是一个扬声器和互联网连接。像谷歌家庭和苹果HomePod这样的扬声器，仅仅成为了通向智能云端的相对笨重的接入点。今天的平板电脑价格相对便宜，且不会很快过时；个人电脑一味低价，更新慢得让人感觉奇怪；Adobe这样的软件只能在云端运行，而不能在设备上。我们的数据逐渐散布各处，在Google Docs上或者在多宝箱上。

将智能转移到云端会促进一个新的系统和思考方式。智能从设备上移除，转向设备背后的系统和结构。一个很好的例子就是London Underground的银行卡非接触支付。在这样一个系统中，你不是买了一张数字门票，你甚至不用拥有一张门票，你只需要拥有进出许可，当你离开的时候，你的旅行账单已经直接到了你的银行账户。想象一下，如果我们什么都不用带，甚至是护照，所有的记录都储存在云端上——许可、签证、入境印章，我们不用携带任何文件，美国入境系统所需的所有身份信息都由指纹搞定。如果我们只需要我们的脸来登机，像面部身份识别一样，而不用携带机票，这会怎么样？如果我们上车或者离开一个系统再也不需要使用手机或者地铁卡，而是依靠 GPS 路由器或者 Chirp 这样的声波技术，根据我们的行驶里程、出行方式和用时自动由我们的手机运营商结账，这又会怎么样？

我们需要用一种更加有效的方式来更好地思考数字转型。信用卡不是人们用来交易的金钱的照片，它们是建立在顶端的全新的系统和结构。让我们用这种方式来重新思考所有的系统。也许，在未来，现金不是一个数字钱包，而是你的脸或者一个独特的身份带。也许，我们不用再携带科技。如果所有公司都是为此而建，那么未来世界会发生什么让人充满期待。

生活将越来越不再是与巧合相关，而是关乎自动和专门为你创造的计算程序和编程技术。新闻会根据我们喜欢的、可能阅读的和最可能分享的内容自动地被挑选出来。

广告将慢慢地不仅仅通过计算程序和编程技术被放置和购买，而且可以特意为你自动量身打造。我们都知道再营销，有些猎人在网上不断追踪你，但是逐渐地会有动态创意这样的科技，可以根据你搜索的历史、天气、股市表现、位置，甚至是当地商店的库存状况这样的信息为你呈现个性化的视频广告。在阳光灿烂的春日，你可以看到敞篷车的广告；当美国陶氏化学公司达到了新的高度，你可以看到更昂贵的手表广告。广告可以从数以百亿的排列中衍生出来，为你指明通往本地商店的路线，甚至可以根据软件对你的购买行为进行判断，进而为你提供个性化的定价。

人口变化

在诸多意义极为深厚、影响极为深远且极为有趣的趋势中，有一点是我在本书中没有具体讲述的，即科技给社会带来的巨大变化。

我其实并不是最适合做这个的。虽然我不是这个领域的专家，但是我想提出一些问题，正是我们望向前方时，很多人需要衡量的。这些改变并没有被广泛讨论，因为我感觉到大部分人拒绝接受现实。

人们担心人口分布方面的重大变化，但是有些话题很多人并不愿意在会议中听到，不管是“让人们在同一年龄放弃工作，然后度过更长的退休期，同时花费更多的医疗保健费用来维持生存”这一人口定时炸弹，还是中产阶级本质在变化和贫富差距越来越大这一现实。

科技驱动的未来正在分裂

我们现在面临的世界，看起来前所未有的分裂。虽然我并不认为它的根本和唯一的原因是科技，但是对很多工作人士甚至国家来说，由于它们面临的改变的步伐已经超出了自己的控制范围，科技正毋庸置疑地在催化和扩大社会改变，并创造着让人担忧的未来。看起来我们正跨在伟大变革的门槛上。

公正地讲，在人类历史上的很多时期，科技一直被认为是一种好的力量，一种登向更好阶段的途径。科技改善了我们的健康状况，让我们以很多形式享受生活、知足常乐，在更多的物质中间拥有属于自己的东西。有很多年，商业世界是由商业人士所引导的。他们拥有远见，但绝对不是什么“极客”。那是一个全是杰克·韦尔奇、亨利·福特、安德鲁·卡内基、理查德·布兰森这类人的世界，即使是史蒂夫·乔布斯，也更像是一个企业家，而不是一个黑客。在一个相当长的时期内，科学家和极客们并没有策划企业战略，他们只是让它实现。

现在，人类历史上第一次，这些极客发号施令、打造未来，而且他们能够完美地理解科技。但是他们和过去的企业家不一样，他们不是那种看起来会理解人们内在的人，远远不是。总之，由于科技和编程的成功需要更加客观、数学般的精确，使这些人不懂主观、情绪和人类性格的细微差别。这让我特别担心这些因素综合在一起会怎么样。对很多人来说，似乎人性的未来并不在于连接各种团体以及在不同种族之间搭建桥梁，而是努力从这些新问题制造的麻烦中逃离或飘过，或被其深埋。

极端主义

我们长期居住在一个不同人持有不同观点的世界。长期以来，报纸代表不同的政治派别。但是，我们对某些派别有倾向性。如果你是一个福克斯新闻的观众，你知道自己看到的辩论的一方属右翼；一个美国有线电视新闻网的观众会知道他们看到的辩论的一方属左翼。但是，你会知道两派都是存在的。这一点和报纸一样——你走到一个报摊，看到一大堆不同的标题，每个标题在设计的时候脑中都已经有了一个特定的读者。

现代媒体平台可怕的一方面是我们并没有曝光不同的人是如何以不同的方式收到相同的消息的。浏览一下某些人的脸书内容也许会让你明白，对于同样的事件会有完全不同的系列演绎或者不同的感觉。这意味着人们会有特别奇怪的观点，但是却认为他们这是相当正常的。世界上有丰富的文字材料，而写下非凡作品的人们常拥有惊人动机。这意味着，在这个世界上，你可以有任何观点，而且会觉得很正常——不管是认为疫苗会导致儿童自闭症，还是地球是平的，抑或是认为并没有发生气候变化，或者“9·11事件”是一个政府阴谋。你可以拥有任何观点，而且会有一种自己是正常的错觉。

尽管这并不会对企业领导者产生任何直接的影响，或者是导致任何的机遇，但是它却帮助我们理解了未来的背景，因为未来我们很可能在不同的人口类型之间看到更宽的分界线。也许我们将看到，品牌通过特定的信仰系统和政治观念来定义它们的拥护者，但是在这里我们主要学到的是我们的关系将不会变得更加密切。每年，世界上也许会有更多的国家；每年，新的地区在威胁试图搞分裂——我们看到英国正试图退出欧盟，看到西班牙的加泰罗尼亚试图独立——这个世界并没有变得更加紧密。

中产阶级的消亡

现在很多人认为中产阶级是一个历史异常现象，认为它的崛起发生在20世纪中期，是非常近的事情，认为它现在正在衰落；认为我们今天看到的世界是生活一直以来的样子，这是正常的。但是，对人类历史的大部分时期来说，这个中产阶级层并不存在。

但是，很多人认为，一个庞大、不断增长、自信的中产阶级对经济增长来说是至关重要的。亨利·福特第一次意识到，如果他技术熟练、勤劳的劳动力买不起他们正在生产的产品，那么，这将会限制他们成功的机会。彼得·德鲁克认为，一个经济体的整体目标就是创造一个中产阶级（Drucker，1993）。

尽管美国有很多人热爱“下渗”经济学这个概念，但是“中出”

运动渐兴：有一群人认为，从富人手里流出来的财富根本不管用。对很多人来说，在这个时候，下渗的证据是不足的。之后，麦肯锡全球研究所作了一个题为《比父母更贫穷：发达经济体中的收入持平或下降》的报告，表明中产阶级工作者的收入在趋于停滞或者下滑。而且，它还表明这是全球范围的（McKinsey，2016）。这篇报告揭露，在全世界的25个发达经济体中，有75%的人在过去9年里收入减少。而在之前的12年里，只有2%的家庭收入下降。这一数据表明，在2005年至2014年间，有54000万至58000万的人收入减少。

人工智能

人工智能是那种被惯于滥用的词语之一，也是新闻稿中的一种表达，用来暗示那些比之前更好、更先进、值得额外付出的事物。

法官波特在现在依然闻名的1964年雅格贝利斯起诉俄亥俄州中对成人内容的讨论是我喜爱引用的言论之一。在此案中，当提到色情材料的本质时，他承认自己并不知道是什么，但用他的话说，“只要我看见了，我就知道是不是色情”。今天人工智能看起来几乎相反：你对它有着丰富的理论理解，但当你体验或看到它的时候，则完全没有想法。

我们看到词语人工智能增值的场面，一个原因是它让人深感振奋，而且对生活的很多方面都有深远的意义；另一个原因是它实际上是一个模糊的词语，因此削弱了它的含义。《不列颠百科全书》这么称呼它：“人工智能，是数字计算机或计算机控制的机器人执行的一般与智慧生物相关联的任务的能力。”（*Encyclopedia Britannia*，2017）

因此，你会明白，为什么今天通常用人工智能来描述那些看起来特别先进或用一种意义深远的方式来使用计算机程序的事物，或者是那些为我们拿主意或涉及自动化的事物。如果你的工作是建立在电子表格的基础上，那么你是最容易被取代的（数据处理类）；如果是关于物品移动的（体力劳动类），你会安全一点；若是文字处理（交流类），你会挺得更久；但如果是以幻灯片为基础的工作（想法和创意类），你将会是最安全的。

但是实际上，最好不要将人工智能当作一种科技，而是一些普通元素支撑的一系列完全不同的科技汇总。它有更多的数据，更快的处理速度、计算机学习和升级能力，以及一定程度的高级逻辑或推理。在我看来，把它看作计算机技术和问题方面的一种哲学方法更有用。

不是将人工智能当成一个流行语，而是一种思考商业转型的方式，这更容易。电力也是通过同样的方式改变了商业。实际上，我们从如何应用电力和数字思维及流程中学习到的可以完美地应用于人工智能的概念。但是，如果我们把人工智能直接添加到一些角色和部门中，或者将其应用到我们已有的事物上，那么，我们将会再一次错过它的革命性力量。

人工智能真正需要的是重建整个机会之帆。使用人工智能的公司首先需要考虑它们在以人工智能为驱动力的世界里扮演什么角色。比如，它们需要添加什么价值？在这个新世界，它们需要有什么想法、决策和物质，以及人性和机器将会是什么角色？如果人工智能并不能导致公司结构的改变，如果它不能大幅提升自动化的地位，如果它不能导致重要的工作改变，那么，就说明它被用错了。人工智能更像是根管治疗，而不是表面抛光。虽然会很疼，但却是必需的。

联想总裁罗睿兰说，人工智能真正的意思应该是增强的（人类）

智慧（Pearson，2017）。现在、此时似乎就是我们提出质疑的时刻，人工智能应该超越历史上的人类努力到什么程度，比如法律、道德和对社会的有效贡献。如果我们理解错了，那么我们最后不是夸大就是弱化了人工智能的作用，不管哪样，都会造成破坏性的结果。当然，我们对人工智能的看法会随着社会而改变，但是，我在本书中所要求的是我们要考虑这一切将引领我们去往何方。

进一步讲，虽然我已经将操作部分作为不相关的主题分离出去了，但我依然希望读者能思考一下如何把这一切理智地关联起来。例如，与极端主义斗争的途径之一就是像推特和脸书这样大的内容平台，使用人工智能将极端主义用户的过滤器泡沫之外的文章和名人作为标杆。这就是利用人工智能增强人类智慧，拓宽和挑战我们眼界的一个完美范例。

参考文献

[1] Drucker，P（1993）

Post-Capitalist Society，HarperBusiness，New York

[2] *Encyclopædia Britannica*（2017）

Artificial Intelligence[online]12 January，available from：https：//www.britannica.com/technology/artificial-intelligence（参考日期：2017.12.6）

[3] Evans，B（2016）

AI，Apple and Google[online]available from：https：//www.ben-evans.com/benedictevans/2016/6/23/ai-apple-and-google

[4] Evans，B（2017）

Cars and second order consequences [blog] Ben Evans，29 March，available from：https：//www.ben-evans.com/benedictevans/2017/3/20/cars-and-second-order-consequences（参考日期：2017.12.6）

[5] Ferenstein，G（2013）

Google's Cerf says "Privacy may be an anomaly". Historically，he's right，TechCrunch，20 November，available from：https：//techcrunch.com/2013/11/20/googles-cerf-says-privacy-may-be-an-anomaly-historically-hes-right/（参考日期：2017.12.6）

[6] Loftus，J（2010）

Are passwords a waste of time？ *Gizmodo*，4 November，available from：https：//gizmodo.com/5514469/are-passwords-a-waste-of-time（参考日期：2017.12.6）

[7] McCullagh，K（2017）

Cities are about to change forever. Here are 3 key decisions they must make，*Fast CoDesign* [online] 5 May，available from：https：//www.fastcodesign.com/90123848/cities-are-about-to-change-forever-here-are-3-key-decisions-they-must-make（参考日期：2017.12.6）

[8] McKinsey（2016）

Poorer than their parents？ A new perspective on income inequality[online]July，available from：https：//www.mckinsey.com/global-themes/employment-and-growth/poorer-than-their-parents-a-new-perspective-on-income-inequality（参考日期：2017.12.6）

[9] Pearson，N（2017）

The business case for augmented intelligence[blog]，*Medium*，26 January，available from：https：//medium.com/cognitivebusiness/the-business-case-for-augmented-intelligence-36afa64cd675（参考日期：2017.12.6）

10 未雨绸缪

生存下来的不是那些最聪明的，也不是那些最强壮的，而是那些最能够适应环境并找到自我的物种。

——麦金森，1963

事实上，你对人工智能了解得越多，对于它的未来和意义你就会越不确定。这项科技会如何发展没人知道，而且它将如何与其他方面结合起来创造什么样的二次序影响则更不明确。我们可以容易地想象到这一特殊性：因为变化的节奏太快，计算机创造计算机并“接管一切”；但是，今天我们看到的机器人甚至不如两岁的人类。我们担心计算机会有自我意识，但是我的打印机却怎么也感应不到我的笔记本电脑。

第 9 章的本意是鼓舞人们、激发情感，并做出清晰示范，对未来的可能性进行描述。它是一种评估潜在商业模型、激发思想进行规划和模拟压力测试的好方法。它是思想的粮食，是营养的来源，甚至可能是能带来灵感的一次触摸。

但是，我们需要理解我们未知的东西，我们要为了所有不确定来武装自己。

本章是关于未来主题的终结章。本章将解释我们如何能够以最好的状态去完全适应变化；本章提出了一些关于改变的思考方式，以及在不可预料的情境下如何将成功的可能最大化。

不可预知性达到前所未有的水平

我很好奇地想象了一下消费者互联网出现之前的生活。忽略掉它更早期的军队根源，让我们想象一下 20 世纪 90 年代中期时我们对互联网的期望是什么。比方说，有人会提到，希望有一个可以连接全球的系统，可以近乎免费获取，通过 10 美元的设备就可以在任何地方使用；希望能有一个每个人都可以近乎马上上传材料的系统，一个可以包含图片、视频以及所有人类知识的系统，一个你可以用来和任何人进行实时语音或文字交流的系统。

互联网意味着这个世界比以往任何时候都连接得更加紧密。我们现在可以获取过去曾经制造、了解、写下或记录下的所有东西。在非洲农村一个 8 岁的孩子用一台价值 10 美元的智能手机获取的信息比 2000 年地球上最富有的人还要多。没有什么是我们不能学习的。现在我们可以几乎马上弄懂这个星球上的大部分语言，可以与我们之前想都不敢想的人取得联系。

从理论上讲，和之前相比，我们的受教育程度应该更好、技能更加熟练且更有同理心，无知应该成为过去式。人们期望我们彼此之间关系更加紧密、和谐。而且也会很合理地认为霸凌会更难发生，违法现象会更加稀少，欺骗他人或同伴的人会发现获取信任和赢得尊重的方式将被更加清楚地展现出来。我们会期望有更多的透明，让腐败变得更加艰难。我们期望社会以我们想象不到的方式发生改变。乡村地区的妇女可以更加互相扶持，坏企业以更快的速度从商业中脱离出来。撒谎会变得前所未有的难。社会流动性也会增强，因为不管在什么地方，只要你有梦想和野心，总能找到人力、知识和资源来逃离以前被认为是机遇牢笼的地方。

其中有一些已经实现了。我们在新闻中能读到，但是我们之所以读到是因为它们有新闻价值且不同寻常。实际上，我们变得更加分离、害怕，且极端观点变得正常化。人们期望会出现让我们变得更加团结的设备，现在却见到了一个正不断分裂成更小国家的世界。英国想脱离欧盟，卡特罗尼亚想从西班牙分离出去，特朗普执政的美国看起来缺乏信任且比人们曾经想象得更加分裂。虽然，在互联网成功以后，世界上有了历史上数量最多的民主国家和数量更少的独裁政府，但是与此同时，我们却有了历史上数量最多的国家，195 个独立国家。

我们看到，这个世界正在变得更加分裂，仇恨在堆积，同理心在消亡，桥梁建造得更少，妥协的案例在减少。从土耳其到德国，从法国到英国，从瑞典到俄罗斯，富有的精英看到他们的未来更加光明，而大批民众却正变得更加愤怒，他们试图背离全球化和移民并怀念过去。一直以来，很多世界上最富裕的人都是科技领域中的佼佼者，但却缺乏同理心。

改变的力量和潜力从来没有这么不被理解过。我们看到，世界上贫穷人口锐减，可怕的疾病更容易被根除，中产阶级在中国、南美和亚洲崛起。曾经很奢侈的物品，现在却变得便宜且唾手可得。互联网意味着，撒哈拉以南的非洲年轻人可以获取世界一流的教育。医疗保健建议也被免费散播。现在，我们没有理由不乐观，但也有足够的理由来担心我们的财富。如果发展迅速的中产阶级想要汽车或者想吃肉了，会发生什么？如果全球气候变化淹没了那些河流三角洲和热带岛屿，又会发生什么？当孩子们长大只给朋友发信息却从不与他们见面，社会会变成什么样？对这些，我们一无所知。

对生活中的大部分变化我们都后知后觉，就像气候变化。未来主义者想讨论虚拟现实耳机、把汽车作为客厅、用树木建造摩天大楼，他们想看到 3D 打印和无人驾驶飞机的意义。这是对电子设备的物理表现的庆祝，但我们最好思考下社会转型、人口迁移和对智能手机投票时代的管理。我们对科技关注太多，对人关注太少；对软件关注太多，对伦理道德关注太少。

看起来，令人伤感的现实是未来变得不可预料。在预测未来方面，我们从来都做得不够好，而且大部分时间篡改历史比预测未来容易得多。我们的经验一直都是“线性和局部的”，我们天生喜欢线性思维。我们思考和想象未来的预设方式一直都是逐步的。我们形成的直觉是建立在台阶概念的基础上的。比如，我们已经上了五个台阶，我们会认为自己能够预测第六个和第七个，而且认为每一个都和前一个大致一样。

重新思考教育

如果要培养出能够很好地应对我们尚不可知的未来的人，我们需要改变教育的很多方面。现代社会的事实情况是，我花一年学习推特精心策划的内容比我整个研究生期间学到的还要多，我靠领英经营的人际关系比从大学课本上学到的还要奏效。但是，高等教育是整个世界上最大的产业之一。

让我们来真正地思考一下，当你问大部分人教育的作用是什么时，他们的回答会是它的存在是为了让孩子们能更好地应对未来。教育能够提供给他们所需的技术以找到好的工作、应对生活的压力，以及变成开心、富裕、理性、善良和具有同理心的人。让我觉得有吸引力的是，今天学校里一个 7 岁的孩子，将会在大约 30 岁的时候达到他们事业的关键时期，也就大概是 2040 年。对我来说很明确的是，2040 年是一个我们完全想象不到的时期。1997 年至 2018 年间发生的变化非常大和不可预测，而且有更多的迹象表明，这种变化会加速而不是减速。那么，在 2040 年，一个人要面对的挑战是超出我们想象的。但是今天学校里这个 7 岁的孩子经历的教育流程并不是基于他们在 2040 年时的职业所需的技术和特性，而是基于 1840 年工业家的需求。

现在企业一直抱怨中途辍学和毕业生的技能很糟糕（Berr, 2016）。我们认为以后要保证更多的人花更长的时间学习。但是我认为，这个不断变化的世界意味着我们需要让孩子们以一种完全不同的方式来做好准备。对那些固执地教孩子外语的家长来说，他们的希望仍旧是一堆陈词滥调，就是让孩子们未来在地缘政治学的不同力量结构中做好准备。但是在一个满是谷歌翻译的世界中，这样做真的有必要吗？很多人认为教孩子编程是解决方案，但是软件不是很快就由软件来写了吗？我们对未来的看法需要更多的想象力。让我觉得难以置信的是，这个世界改变了这么多而教育却几乎原封未动。数字时代意味着一个不同的世界。

目前的教学看起来是由外向内的。我们把知识优先于其他一切，并在考试中进行测试。学校里最好的学生是那些可以很容易地回想起信息的人。这一点非常有帮助，直到现在，因为现在信息直接、随处可见且丰富。与单纯地了解事物、汲取内容并机器人般地照搬相比，在现在这个充满虚假新闻的世界，能够形成自己的观点，并进行批判、评估和看到一个事情的两方面，才是更加重要的。

对今天长大的孩子来说，我们生活在一个将知识和技术都外包给互联网的世界，更不用提明天长大的孩子了。我并不是说，写一手好字是浪费时间，但是现在我们更可能通过语音和键盘进行交流，我不确定把字写好是一个优先的选择。

如果孩子们不会拼写，他们与人交流起来就会很难，但是当拼写检查程序能够自动翻译且软件能够将声音处理成文字的时候，也许不会拼写并不会耽误时间。数学和我们从理解这一切中获得的逻辑思维是最基本的，但是也许我们需要把它想得更加哲学化，并且理性处理而非记住流程。

没有什么我们非做不可的改变，但是有一些我们需要质疑的原则和假设。未来重要的不是清除什么，而是去关注什么。我相信有六个需要进一步发展的关键属性，它们的价值关乎我们是谁这一核心，且同时适用于学校和工作场所。这是一种由内而外的方式来培养强健、快乐和理性的人，以拥抱现代社会。

我们的核心特性通常是在年轻的时候形成的，而且通常是由教育机构来塑造的。但是很关键的，这些价值同时形成于学校之外的培养过程，而且受影响时间更长。这些价值和方法不仅为人们的职业提供帮助，而且在所有的公司中都需要被培养、支持和招揽。

工作场所在接下来 10 年里的变化会比过去 50 年里的变化还要多，而那些曾经依赖于体力劳动的角色将逐步被自动化取代。那些需要数据输入、普通计算和电子表格的角色将会被计算程序非常快速地取代。在很多领域，客户服务角色也许会消失，但是，需要不同技术和态度的奢侈品客户服务角色也许会增长。我们需要充满想象力地去思考。编码很快会由编码自己来完成，但是，创造性地解决问题也许会前所未有的重要。越来越多地，招聘界关注的不再是你能做什么，而是你在想什么。知识经济将需要人们用下列的核心技能来武装自己，以实现繁荣。

关系

对于很多人来说，在现代工作社会的现实是，你不是作为一名雇员存在，而是作为一名在诸多关系中的价值创造者存在。我不需要知道如何编程、如何进行360度的射击或者如何买下音乐版权，我只需要知道谁是做得最好的人。未来教育需要聚焦在一些方法上，保证人们能够建立持续、可信任的人际关系。在当下的环境中，发消息取代了打电话，电子邮件取代了会面，一代人漠不关心、孤独且孤立地盯着手机，这一状况需要人们聚焦关系来进行改善。我们需要再次学会如何倾听和交流。在未来，如果领导者和管理者能够在两件事情之间建立关联，他们将会取得成功。首先，在一系列选定的关键且重要的联系之间建立强壮且可信任的关系是关键。快速浏览一下领英会发现人满为患。人们需要知道的是如何过滤掉那些不太有帮助的人，然后如何与那些真正有用的人很好地建立深厚且值得信任的关系。其次，人们同时需要放宽眼界。进步常发生在用新方式将点连接起来、将不同领域的学科问题专家关联起来。一项关键的技能将会是，在多样的原则间建立宽阔的网络，并确立、形成声誉以帮助这张网成长。我个人并不喜欢当下“个性品牌”的氛围，但是拥有个性并且能够坚持自己的思考和行为模式形成自己的魅力，因此而出名、被信任、成为首选，则常常会在未来帮助到你。

保持好奇

保持年轻的最好方法有两个：一是我们并不知道有更好的选择，敢于冒险且不惧评判；二是永葆好奇。我们并不需要学会变得好奇，而是学会培养我们的孩子们的好奇心，并且作为成年人要不断地提醒自己好奇的重要性。

现在智能手机可以获取一切，而能增强我们的学识和思维深度的是好奇心。它会点燃我们的兴趣，形成与专家交流的需求。如果说有一项特征是我们生来就有却随着我们的成熟而消亡的，那便是我们固有的对更多知识的渴望。我们必须接受这一点。有人打开维基百科，想得到一些国外度假的小贴士，却最后成了看世界上最长的河流或跑道；有些人每次打开浏览会话窗口，最后都会打开 23 个便签；他们就是那些依然在培养这种好奇心的人。好奇心让人疲惫却又很美妙，但却很少被讨论。

从学校到老板，从老师到父母，我很乐于看到人们认可别人的质疑，接受美妙的倾听和别人奇怪的兴趣。我们认为通过自己说的话向世界展示了我们有多聪明，然而却常常是那些伟大的问题揭示了我们是谁。在生活中人们经常提出问题，然后轮流发言。他们利用对方发言的间隙，来思考自己接下来该说什么。我们需要更好地去倾听，并做得更加得体。我们需要倾听人们在说什么，是为了理解，而不是为了回答。但后者却是现代社会媒体生活中的常态。

最重要的是，各方组织需要真正地消化、吸收好奇的力量。好奇并不是古怪，它不是我们个性中看起来有趣却毫无意义的次要方面，它是进步的引擎，是我们完成每件事的核心。第一步是确保各类组织都能理解好奇心的重要性，并有系统地找到方法来接纳和促进它，并为其设定基准。我们要赞扬那些兴趣古怪的人，将他们的天赋展示出来，并给予激励。我们需要加强自学，尤其是那些不涉及证书和证明的学习。我乐于看到 KPI（关键业绩考核指标）能把业余爱好和旁枝末节的工作作为考核的基础。至关重要的是那些以各种形式展示了好奇心的人能够得到支持，不管是从经济上还是从情感上。尤为重要的是，我们需要有机构来代理好奇心，有项目把外部发言人纳入进来，有团体旅行可以去奇怪的博物馆，可以脱离团队几天在迷人的地方度日，还要有很棒的刺激项目。

如我们之前所了解到的，当不同的思维方式碰撞在一起时，当人们基于新理念对事情提出质疑时，颠覆就会发生。在未来最成功的公司和领导将会是满怀热情、知识渊博、技能丰富且有着极好适应性的那些人。

培养灵敏性

我们现在无法想象 2020 年的一份职业是什么样的，更不用说 2030 年的了。我们完全不知道未来会需要什么样的技能，以及会存在什么样的工作，如果有人认为生活节奏会变慢，只能说这个人很勇敢。面对改变，我们都需要变得更加有韧性和更加熟练应对。可以想象的是，即使是一位 25 岁的年轻人，在他们的一生中也许会在几个不同的职业领域有 30 份不同的工作，他们也许会同时从 10 家公司赚钱。我们需要更好地理解这种灵活性。

在今天的世界中，我们会发现计算程序和社会在我们和未知之间设置了一层盾牌。我们在不知不觉中找到的人都是最容易与我们相处的，我们读到的新闻都是我们觉得最舒服的，我们闲逛的酒吧都是和我们差不多的人去的。我们不认为自己在这么做，但事实如此。而这个时候，社会网络加剧了这一点。我们读到的意见建议都是让我们觉得最愉悦的、最能接受的，我们的新闻菜单成了快餐，能最快速地直击我们的愉悦感受器且最容易被消化吸收。我们需要更好地使用我们的精神肌肉，将我们的肉体和思维移动到新的位置。

同样地，在工作中，我们讨论“流动”的结构、“开发”和灵敏的团队，这些都有意义。但是，如果与这些无关呢？

决断力

除了要与新事物相处得更加融洽，我认为，我们需要在决策方面做得更好。

我们需要勇气来做出更多决定，更快且更有担当。我看到公司因为惧怕做出不好的选择而永远处在犹豫不决的状态，从而陷入瘫痪；我看到公司需要做出明智的决定却湮没在数据中；我看到做决定的后果导致了不作为。在我们生活的这个时期，如果我们因为不良数据和对数据的不良理解而做出糟糕的决策，我们并不会因为有数据支撑而不被惩罚。我们认为数据会照亮前路，但是越来越多的情况是数据在蒙蔽我们。

与此同时，以一些绝妙观点为基础、在创意的火花和深深的同理心中形成的天才时刻的奖励却是零，因为很多人认为，在好的情况下这就是幸运，在不好的情况下这就是鲁莽。

一直以来，我们在逐步削弱感觉的质量。如果你让一名世界一流的板球运动员来解释一下他们怎么知道什么时候来挥棒，他们会很迷惑。虽然他们解释不了原因，但是他们可以感觉得到。更进一步分析，就是他们潜意识地分析了比他们意识到的多得多的数据，比如，场地的弹性、空气湿度、投球手的肢体语言甚至是手腕的形状。我们总是很容易地放弃内在的东西，因为它们未知并难以解释。

和其他特征相比，优柔寡断更加深植于文化中。公司文化经常包含不安全感、责备，以及因为被忽视需要显得角色安全。我喜欢看到组织接纳那些不去试图减少风险而是去最大化已有进步的人。如果在一个文化中，不同阶层的人都有权做出最合适的决定，那么这个公司将会更加快速运转。公司应该赞扬那些冒险的人，我们需要奖励那些学习得最快的人。和出于好意却结果很糟的决策相比，优柔寡断才是更大的罪过。

在这种环境中，会议不应该仅仅作为共享信息或社会关系的场所，而应该更多地作为让人们讨论然后全体决策的过程中的关键。杰夫·贝佐斯是基于明智选择创造工作场所的大师。人们要表达、倾听、不赞同但是要做出承诺。他曾提到，我们需要理解你可以很容易放弃和必须坚持的决策之间的不同。贝佐斯提到我们需要适量的信息来做出决策：需要 90% 的信息说明你很可能运营得太慢；低于 70% 则意味着你该了解的信息还不够（Bezos，2017）。

通过这些，我们需要对我们正在努力达到的目标有一个新看法，但是我们要变得灵活。对于我们的角色任务要坚定不移，但是对于完成目标的途径不要太固定。当然，这个旅程往往是从步行开始的，即使它常常不是一条直线。

构建同理心

我们需要知道与众不同是什么感觉，知道如何与人相处，以及知道如何超越期望、希望以及他人的野心。在一个前所未有的分裂和多极化的社会里，我们需要搭建桥梁、构建共性。同理心则是我们达到这一目标的工具。

构建同理心其实很难。虽然换位思考已经相对困难了，但这仍然不是真正的同理心。真正的同理心不是让自己站到别人的立场上，而是想象自己就是别人，即同时拥有别人的价值观和生活阅历，而这些却恰恰是让一个人独一无二的东西——千万不要在你整个人想的都是成就你自己和使你的阅历独一无二的东西时试图这么做。真正的同理心是理解别人的伪装，理解成就他们的东西和他们采取举措的缘由，这么做极其困难。对于那些选择与我们非常不同的人，我们总是马上认为他们是愚蠢的。看到那些担忧移民的人，我们认为他们是出于憎恨，而也许他们只是在担心自己的未来。我们总是急于划线，急于归纳和评判，以及很快变得势利。那些和我们不同的人摧毁了我们想看到的那个世界，那个我们能够完全理解以及对我们来说有意义的世界。

从实用的角度来看，我们可以理解为什么父母在购物中心时不愿意在手机上体验虚拟现实，因为他们不想让孩子们太顽皮。我们能够明白为什么这项满意度调查的结果很不准确。我们也会注意到注册电子邮箱来获取内容往往并不能获取真正的电子邮件，以及人们为什么不会阅读床垫上的丰富内容或者把他们的发型上传到网络上。

同理心是我们用来预测市场、企业和理念成功的最有力的工具。它帮助我们建立关系网、感受到快乐甚至参与某些事情。虽然同理心很难形成，但是却至关重要，需要我们去培养。

我们确实需要设法培养忍耐度、理解力、想象力和精神敏捷度，以便我们可以更好地去理解其他人的感受。这不仅会有助于社会，也会利于商业。首先，我认为，企业需要衡量同理心的重要性。我们过多关注了说了什么，而不是理解了什么；我们习惯于重视外向的行为，而不是内向的；我们喜欢看到已完成事情的最物质化的表现，而不是艰难获取的明智决定。

我们需要确保公司在才华方面多种多样。同理心源自对人们和不同文化、种族、阶层、年龄以及个性种类的美妙的多样性和深度的理解。我们惯于想招募和雇用那些最容易相处、最乐于接受我们的理念且与我们想法相同的人，这种方式不利于取得任何有价值的进步。在寻求企业最平稳发展方式的过程中，我们错过了最利于企业进步的发展方式：摩擦力。分歧是驱动创造的能源；多元思维让事情变得更艰难，也正因如此，它也带来了改善。

我们需要在观察力方面做得更好，花费时间去创造可以让人们适当介入的流程和系统。我们迫切需要觉得自己是正确的，所以我们眼中的世界是符合我们的先入之见的，而不是客观事实，因为后者会让我们觉得自己很傻、与众不同且对世界充满不理解。我们需要更好地适应这种真正的同理心带来的不舒适感。

我最后的一个观点是创造力，这个话题是我最为关心的，所以我想把它单独拎出来讨论。

创造的力量

“缺乏逻辑比毫无想象力更容易被解聘。”（Sutherland，2017）

我们每一个人都是生来好奇和有创造力的，但是学校、朋友和“合适的工作”某种程度上冲淡了这一点，或者说（更现实地）它们被踢出了我们体外。我们因为想法太过不同而被斥责，因为看向窗外发呆而被批评，因为敢于有梦想或单纯而被呵斥。当你还年轻的时候，很容易保持创造力，但是现代社会会告诉你这是骗人的、不正确的或者是站不住脚的。

在现实世界中，我们因为解决问题、制造物品或做事情而被支付报酬，但很少因为删减步骤、提出异议或用更简单的方法解决问题而被奖励。我们已知的最棒的评价工具是观点的力量。好的设计很少且花费更多，但与那些无设计支撑的解决方法相比，却能够节省更多或增加更多收入。

如果让鲍佛贝蒂公司建一座桥，并让它评估一下会花多少钱，答案肯定不是建一架渡船或者让人们绕道去另一座桥让旅程更有意思，更不会是用一辆便宜得多的缆车或者提高高峰期收费的方式来减轻现有桥梁的压力。

在未来，我们需要给予创造力和想法最大的重视，但是我最大的担心是我们不愿意思考，因为思考很便宜。因为思考没有办法衡量且未知，而大部分人更喜欢确定性和电子数据表以及用一种无聊且有道理的方式来浪费金钱。大多数人在工作的时候不是去最大化美妙事情发生的可能，而是去最小化糟糕事情发生的几率。

我有一种感觉，那些资源雄厚的公司更依赖资产、工序和效率，而不是深挖出最后的手段、思考和创造力。这让人觉得很奇怪，因为虽然流程和效率是获取渐进式成果的确切方式，但提高的范式飞跃来自于改革。

行为适当和费用合理

总的来讲，非常重大的问题往往配有巨额的预算。不管怎么说，它们很重要。巨额预算包括各种类型的解决方案，从小小的修理到大型的建设。巨额预算导致一种紧张的氛围——毕竟，问题严重的是些重大的事情。这样一来，人们会组建大型团队，设计进程，做出重大决策，并肩扛压力。但，正是这种文化和思考方式在损害创造力。

思考因为太过廉价而不被重视，新想法在这样一个客观和正式的氛围中显得脆弱，创造力则太过私人化，而所有这些输出都因为不够具体而无法让人认真对待。

你能想象一下自己需要多大的勇气，向总裁或者总理或者总统建议拥有 100 亿美元预算的大规模运输问题的解决方案是价值 5 万美元的应用程序吗？或者建议教育的解决方案不是上百亿美元地搞建设而是新的聚合引擎？解决全球变暖和极端天气的最好方式是适应改变带来的影响，而不是花几十万亿美元来制止这一现象？提这些建议的时候，你能想象自己有多缺乏底气吗？

创造力需要约束

金钱带来了太多的舒适、太多的过程、太多的保守主义，以至于很多工作尾大不掉。你是否曾注意到，有些公司尽管资金有限却特别成功？

创造力来源于约束，来源于人们对想象力的应用而不是权力，来源于思考而不是建设，来源于人们制造一些值得一提的东西而不是花钱让人们到处传播。正如 Geek Squad 的创始人兼首席总监罗伯特·斯蒂芬斯所说，比以往任何时候都更明显的是，现代社会中高额的广告费用其实是分摊在你花在一件普通产品上的价钱里（Stephens，2008）。

我从来没见过有人因为制造了一件不合格的产品，花一大笔钱用传统方式进行市场推广却不成功而被解雇。但是，我却看到很多人当说到有些事情不够好时对自己的工作担心。我参加过无数的集团会议，会上恭顺的人们只说老板想听的，而不是提那些最有可能导致更好成果的方案。

我也曾在广告美好的旧时光工作过，有漫长又醉醺醺的午餐、奢华的假日派对以及漂亮的海滩拍摄，但我所怀念的并不是那种懒散的态度和横流的金钱，而是那时我们拥有的自信。在那个时候，我们被付费告诉消费者该干吗。那时，我们是值得信任的合作伙伴，可以为了省下 1 亿美元而发布一个不够好的产品。我们曾经的价值判断也应该适用于今天的市场，用来理解消费景观并提出创造性的方式来发布产品。

资金的匮乏从未阻碍 Nest 制造出这个星球上最好的恒温器。我们看到不计其数的大公司为了弥补才能短板而花钱推广劣质产品，让人们购买他们并不真正喜欢或想要的产品，而这其实是最昂贵的浪费。

大胆

想象力需要胆子大。并没有什么市场迹象表明，价格是一罐可乐的两倍但大小却是可乐的一半的一杯 Smoothie 会畅销。红牛的生产商制造出一些体格小却价格高的产品，最后成了亿万富翁。我们不能用过去来预测未来。当测试诺基亚智能手机时，我曾经待在没完没了的销售讨论组中，但是人们讨厌它：它太大、太贵，而且电池只能撑两天，更何况（引用）“我为什么要有移动的互联网，我家里已经有了”。

决策需要胆子大。让我们赞扬那些非正统和有风险的，让我们培养那些因为懒惰而找到更好方式的人而不是那些解决难题的人，让我们为风险喝彩、奖励热情和那些尽管感到脆弱却依然坚持的人。也许那些异想天开并不能奏效，需要衡量，但却要以一种不同的方式。我们不仅需要鼓励那些奇怪的、疯狂的想法，更要培养那些有这些想法的奇怪的、疯狂的人。但是，这一点对很多公司来说很难，因为这些人常常不在标记为“我们的价值”的盒子里面。

当代决策的问题不仅仅是我们要学会说“是”，还包括我们要学会说“不”。说“是”需要与风险共舞的勇气和能力，要注意到风险而不是畏惧风险。正如我在之前的章节中提到的，由于大公司占据安全空间，它们可以通过购买和同化新兴公司将风险外包。尽管如此，这一风险仍需要直接摆到公司决策层面前。如果这种情形没有出现，那么，和我之前提到的一样，你的领导的目标是平稳退休，而不是为了个人和集团的重塑和成功选择一条充满风险却最终取得巨大的道路。

鼓励风险也需要我们改变对回报的看法。领导者常常既有高额聘金又前程平稳。很多总裁如果失败了也可以得到不菲的补偿金，来自董事会的“双方同意辞职”让他们免于被解聘。不管怎么样，他们都没有任何风险。而真正的创始人则恰恰相反，他们为了实现梦想常常靠信用卡或再抵押贷款维持生计，却最终只能通过退出或首次公开募股来实现（要牢记大部分新兴公司都失败了）。对公司决策层的领导来说，要真正让他们把自己的职业和才智投入到考验中，也许多一点个人牺牲会让他们的头脑更敏锐。

参考文献

[1] Berr，J（2016）

Employers：New college grads aren’t ready for workplace，CBS News，17 May，available from：https：//www.cbsnews.com/news/employers-new-college-gradsarent-ready-for-workplace/（参考日期：2017.12.6）

[2] Bezos，J（2017）

Letter to Shareholders，available from：https：//www.amazon.com/p/feature/z6o9g6sysxur57t

[3] Megginson，L（1963）

Lessons from Europe for American Business，*Southwestern Social Science Quarterly*，44（1），3–13，p4

[4] Stephens，R（2008）

Marketing is a tax you pay for being unremarkable，speech at the Customer Service is the New Marketing event，New York 4 February

[5] Sutherland，R（2017）

Mastering the future of marketing，speech at the dotmailer Summit，London 1 March

结束语

11 最终聚焦于人

现在已经到了本书的最后，所以，很自然地，我想让你想一下你最近看到的桌子。真的。你上次在酒店办理入住时，前台是什么样子的？上次见到的汽车租赁柜台、航空公司的入口，以及付款时的收银台是什么样子的？甚至，你工作时的桌子是什么样子的？虽然有点奇怪，但是我们可以以一种最开放的方式看到科技在人们和关键入口之间的界面中的变化。

在比普通酒店略好的酒店，它们的前台是很有意思的。如果是在 19 世纪后期你走进一家酒店，接待你的人会站在一个巨大而又坚固的桌子后面。这张桌子就该很大，因为这是你和那些沉重的钥匙之间的一道屏障。一般酒店越豪华，钥匙就会越大、也越铜光闪闪。这张桌子还要用来存储大量文档、访客记录、给顾客的信件和酒店章程等。甚至，它还要装得下某种钱柜设备，来确保现金的安全。实际远不止这些，请原谅我只能记住这些。

到了 1990 年，酒店可以缩小前台桌子的尺寸，因为这时钥匙小多了，桌子上只有一台巨大的个人电脑和一台信用卡复印机，桌子后面有一台体格巨大、声音也很响亮的打印机。几年以后，比如说

2008年左右，桌子其实可以更小，因为桌子上只需要放置一台手提电脑、一台信用卡扫描仪和一台房卡编辑器。但是，尽管桌子可以变得更小，实际上却常常没有。因为，桌子是可见的欢迎语：大桌子意味着更加有排场、更加真诚的欢迎。

现在，比较时髦的酒店用上了苹果平板电脑，其他一些酒店用连着发着光的苹果的麦金塔电脑广播自己巧妙而又流行的设计灵感，但是前台的桌子依然巨大且笨重。我们知道，那是我们登记入住时的肢体语言。通常，你递给他们一个信用卡来结算杂费，同时还要填写他们要求的纸质文件。但是还可以接受，因为生活就是这样。

我觉得奇怪的是，我们几乎没有进行什么重新思考。我们用新科技替换了旧科技，但却毫无改变。我们认为自己需要一张桌子，我们认为需要有人站在桌子后面，认为这就是抵达酒店时该有的样子。我们甚至认为提供已经提供过的材料也是可以的。

汽车租赁柜台也沿袭了同样的发展模式，收银台也没能例外。我们只是用新科技装饰了一下我们认为需要的东西。但重点是：这是完全错误的。

无关科技，关乎同理心

如果，我们能够足够了解科技，明白什么是明智的、巧妙的和可靠的，这时再重新从客户的角度考虑这种体验，那么事情应该会大相径庭。

如果我们走进一家令人惊叹的酒店大堂，不用拖着箱子去前台，而是坐下来就有人拿着苹果平板电脑过来让我们签名，这会是怎样的体验？如果他们根据我们之前网上预订的资料已经有了我们的信用卡信息，不会再每次到访都问三次，这又是怎样的感觉？这其实就是一件很细小却极其有代表性的具体实例。

如果租车地点能够使用 iBeacon 知道你将要抵达的时间，然后检查实时汽车库存，从而为你提供实时定价的专享升级服务，这是什么样的感觉？如果你看到这辆车，觉得喜欢且价格合理，愿意升级，却只需要刷一下卡，这又会是什么样的感受？如果店里的收银台主动来到你面前呢？

我们坚持首先想到科技。当要点变成“我们如何在航空公司使用增强现实耳机”时，我们会看到一些奇怪的例子，比如新西兰航空公司就演示过如何使用头戴式耳机来帮助他们理解乘客的情绪，而实际上他们将会吓跑所有人。当要点成为“我们如何使用聊天机器人”时，我们很快地确定一种方式，却会惹恼我们最有价值的客户。我们需要使用科技来解决问题，发现更好的方式来完成我们一直在做的事情，但是我们却一直为那些付钱的人服务。

一流的解决方案其实更多的是关乎同理心，而不是科技。它们需要挑战过去所有的假设，围绕人们想要什么来应用创造性的解决方案。

这里有三种对待改变并使你的商业获得成功的方式。

结构围绕人而建

对我来说很奇怪的是，理发师不在办公时间工作，或者汽车车库不愿意在周六开放，更不用说周日了。即使是在纽约，也几乎不可能在周末或者是深夜去看医生。很明显，对所有的工作者来说，和世界上其他工作者在同一时间工作是合适的。但是，有些产业就是用来服务其他产业的。豪华的餐馆不会让你把酒吧的账单记到餐厅的账上，因为对他们来说区分整理很难。零售商拆分成电子商务部门和实体店，因为对它们来说这样更简单。

从什么时候开始，商业更多地与商业有关而不是与客户？如果事情很难，人们往往认为这是一个借口而非一个挑战。每一家公司都需要开始着手围绕客户工作而不是自身。它们需要创建系统、政策和角色，在各个阶段无缝地对接客户，同时相应地围绕这一点创建结构为自己提供最好的服务。我们需要像“首席体验官”这样的新角色来支撑这一点。

品牌在于其所为，它存在于人们的脑海中而不是代理策略师的品牌洋葱理论中。疯狂的是，酒店轻易且乐意花 2 亿美元请广告公司告诉世界它们很友善，并认为这是一项可以最大化的令人愉快的投资。但是，酒店会认为把同样的钱花在培训项目上，让员工更开心，从而更好地服务客户，却是一项需要最小化甚至可以避免的支出。很多人认为，减少呼叫中心的员工是一项合理、高效的行为，虽然让客户恼火，但我们却无法衡量影响。但是把钱花在广告上，把客户争取回来，这项投资的成功却是很容易被监测到的。

这一点很重要。顾客被前所未有地宠坏了，他们要求更多，并且更加乐意分享他们的体验，不管是好的还是坏的。现在品牌更多地与网上的评价相关联，而不是通过广告告诉人们。很长时间以来，公司一直视社会媒体为一个发布信息的平台，告诉人们应该怎么看待它们，但是今天这样已经行不通了。如果你觉得让客户开心成本太高，那么请考虑一下在不开心的客户身上的支出。在未来，你的社会媒体战略应该是确保人们拥有一个美妙的体验，并将这一点渗透到你做的每件事情中。

聚焦重要的事情

我一直觉得，最好的创新总监应该是一个 8 岁的孩子和他的刻薄爸爸（总是要让爸爸来扮黑脸）。为了真正地理解一个问题，这个 8 岁的孩子会没完没了地问“为什么”，以超出正常社会接受程度的方式进行。而爸爸一开始会慈爱地倾听，最后通常会吼一句“不”。

“为什么”和“不”是我们设法推动改变时最有用的词语。

创新一直以来都被错误解读。我们以前认为诺基亚是充满创新的，因为它一年制造 72 部手机，直到苹果制造了一部手机并改变了世界。公司的集体目标应该从做得更多转向努力做得更少、更好。

让我们来帮助人们做决定，帮助人们进行购买。让我们来移除多余步骤，把能自动化的都自动化，让选择架构更简单。创新应该是完全聚焦在为客户创造最好的体验上而努力进行删减。

总的来说，各种社会角色中的人们在进行新的尝试时总喜欢更多说“是”。说“是”意味着我们可以更多地炫耀自己所做的工作。说“是”对每个人都好。对代理机构或者咨询公司来说，更是有利可图。它们可以为客户提供一个完全没用的应用程序方案，收取 10 万美元让客户进行研发制作，并帮助他们投资 1000 万美元举办活动进行推广。而说“不”则会让它们少了一年的工作和一大笔钱。因为说“是”，我们获得很多世界第一。即使失败了，我们可以“当成一次试验，并吸取经验教训”。

我希望我们能够单纯地为人类着迷，而不是“一件大事情”。让我们与购物通道的人们产生共鸣，而不是把一个新的未来塞到他们的生活中。在一个看起来更加复杂和高速变化的世界中，让我们关注几件事情就好，关注那些真正重要的事情。让我们把简单的事情做好。不，简化并不简单。向正确的事情说“不”是一项真正的技能。但是，作为最终目标，这是最基本的技能。

重新思考操作系统

我常常遇到下面的情况：“我们做了一个应用程序，但是人们并不用，他们说这个程序不是特别好。所以，我们怎么做才能让更多人下载它？”没有什么比在一件不是一流的产品上做广告和推广更耗钱的了，因为很明显这样做没有用。但是，这种情况却时常发生，这要归因于很多企业的管理模式。

大部分企业主要关注一件事情：制造商品。它们因此而建，它们的管理、财政和采购之类的功能是用来驱动大部分工序和投资。几乎毫无例外，销售是工序的最后一关。研发方面的巨额预算、工厂设计的惊人改进、更好的采购和新的管理思路都旨在制造出更好的产品，生产效率高且生产成本低。一件产品被生产出来的过程中，销售部门唯一能控制的是如何进行销售，而不是销售什么。在整个过程中，消费者仅仅是那些有钱的人，在看到商品广告后，他们对商品产生了兴趣，最终购买了商品。

很大部分公司仍然是这种操作模式。“我们的工厂已经生产出了曲面屏电视。想办法让人们想买它。”“我们找到了让电灯泡和电话交流的方式。设法让这看起来很时髦。”极少有品牌或产品是由消费者的需求拉动的，或者是由合适的研究携手打造的；它们都是从生产部门里推出来，然后送到销售部门进行出售。

制造出产品，演算下市场规模，很可能价位就确定了，潜在产量也就出来了。在这个基础上确定了销售预算，然后首席营销官通过广告代理将这笔预算进行分配，以确保这些目标得以完成。创造需求就是我们曾经所处的商业模式。

我们花钱把产品推向高处，而不是生产可以进行自我推销的产品，这看起来非常奇怪。用约翰·威尔希尔的话说，我们应该“制造人们想要买的产品，而不是想办法让人们想要买东西”。

公司应该找到一种新的操作系统，颠覆对这一切的认知。首先确定人们想要什么，然后为营销计划提供这些信息，在此基础上设计体验和产品，并确定所需营销预算，最后把这些信息提供给工厂。要找到方法来确保客户服务和体验是最重要的。Kickstarter 已经向我们展示了好的产品如何能够轻松地找到充满意愿和热情的受众。全世界的公司应该少关注点如何推动下一个大事件，而应更多地倾听消费者的需求，应用自己在科技和设计方面的知识，为一群热切期盼的消费者制造产品。

关注同理心和设计理念

硅谷的热情总是有充足的资金在支撑，这种热情为这一理念创造了条件和自信，即新公司实际上懂得最多，以及如果你懂编程和软件，你可以所向披靡、战无不胜。这点无人质疑。如果软件真的这样改变了生活，那么对一家拥有最好的程序员的软件平台或者软件公司来说，它们几乎更容易成为更好的银行，而不是一家努力招募最好程序员的银行。是这样吗？一家汽车公司成为用户体验和电池科技方面的专家的速度，会比一家电池公司学会组装车辆的速度快吗？像奈飞、苹果、亚马逊或者脸书这样的平台学会如何制作优秀的娱乐节目的速度，会比电视公司或者电影制作公司学会如何创造更好的分配机制的速度更快吗？比赛已经开始，可以见证什么是最好的起点，但是结果常常看起来并不是在过去占主导地位的那一个。我认为，现存的企业需要更多发挥它们在特定领域的优势。因为，从理论上它们比其他人都更知道人们想要什么和喜欢什么。

峰终理论常被认为由丹尼尔·卡尼曼博士提出，讲的是一件经历或事件的感受仅由两点来判定：我们在高峰（最紧张的点，无论好坏）时和结束时的体验（Tran，2015），就像一条链子的坚固程度是由最脆弱的链条决定的，客户的体验是由我们对所经历的每件事情的感觉所决定的。

我也提出这样一种观点，即现在的人们越来越不宽容。客户真的越来越不在乎事情是怎么发生的以及问题的本质是什么。我们并不能说现在电脑运行很慢，或者有异常的呼叫量，或者计算机不应该显示出产品有现货。

在计算和数字分散了我们的注意力的时代，同理心似乎是一种稀有的品质。

我曾经坐过新加坡航空的头等舱。因为 14000 美元一张的机票，他们毫不犹豫地提供给我价值 300 美元的香槟、皮革衬的用具包和昂贵的睡衣。我想，这些可能也是你所预期的。候机室也让人感到愉悦，但是也许奉承性的服务有点太多了，比如现成的鱼子酱和更多的香槟。当我想借一个手机充电器时，却要没收我的登机牌直到我把充电器还回去。我并不是吹毛求疵的人，这一点很明显不会毁掉我的整个体验，但是我可以管中窥豹，从中看到同理心的缺乏和金钱的盛行。为什么航空公司不能花上一美元买上一批手机充电器，然后贴上“来自新加坡航空的礼物”标签，希望我把它带走，这样我以后使用它的时候就会想起这段往事？

当你走进土耳其旗舰航空公司在伊斯坦布尔的让人惊奇的休息

室时，你会看到场面壮观的食物和富丽堂皇的内部设计，还会遇到一个拥有大量很棒书籍的大型图书馆，有一个巨大的标志上面写着这些书已经做了安全标记，偷书贼将被起诉。其实，对世界上所有的科技、所有的旅程花费及昂贵的硬件升级来说，客户服务常常与一些小事情有关，它关乎的是人性和思想。

我觉得，我们总是习惯于认为设计应该由设计师来做，认为只有当你有一件黑色高领毛衣和一本关于迪特·拉姆斯的书时才敢提意见。也许我有点奇怪，但是我认为设计主要是常识，尝试不同的事情和想法。我不觉得这有什么难的。在我频繁的飞行中，我注意到，在每个航空休息室和离境大厅中播放抵达信息和起飞信息的屏幕比例大约是 5 比 5。但是，我却想不起来一件进行远程使用的正常案例，因为过了安检以后，我根本不关心即将抵达的飞机，但是屏幕信息就在那儿，所以，当我读成起飞信息的时候，常常被吓出一身冷汗。

巴塞罗那航空的新航站楼很引人注目，建得极好且像座教堂。在大部分的柱子上都有巨大的数字化标志，不是用来显示时间，而是显示气温和湿度。我想不出来为什么会有人想看这个。

我们想倾听客户的声音，因为那才是改善服务的根本。所以，我永远不会原谅那种“嗨，上次体验怎么样”的傲慢邮件。它们通常开门见山，“我们想知道你住得怎么样”，而且发件人是一个不用回复的电子收件箱。很明显，它们只是想让我填个调查问卷。

成功的最后步骤

直到 19 世纪中期，欧洲的画家们一直用猪的膀胱来装颜料。这使携带颜料极其困难，因为猪膀胱太硬，很难妥善地封口，而且不知道什么时候就炸破了。正是因为这种局限和问题，画家们被束缚在自己的画室内进行创作。因此，金属颜料管的发明几乎改变了整个艺术界。画家可以更加容易地在室外绘画。而且，这种简单科技的影响是深远的。皮埃尔·奥古斯特·雷诺阿曾说："没有金属颜料管，就不会有塞尚，不会有莫奈，不会有毕沙罗，更不会有印象派。"（Hurt，2013）正是自然光的影响和可以随处创作的能力发动了这一专项运动。

科技也会改变社会规范。在19世纪电梯安装变得普遍之前，巴黎所有公寓的一层都是气派且通风的，顶层则是仆人的住所。但是电梯的出现，把公寓生活翻了个个儿。因为顶层视野更加开阔，于是一场上下大转换的顶层运动成了巴黎社会的重要组成部分。

我们现在就处在最伟大的变革中间。科技可以让我们以日或者小时为单位做到一些近乎神奇的事情。我们互相看着对方寻求帮助，我们被闪亮的东西分了神，我们全都忘了重要的东西。处理这种情况最好的办法就是，我们可以做一些无关紧要、简单的事情，大不了我们就藏起来。难道我们就不能加快一下游戏进程吗？

让我觉得特别奇怪的是，对于新科技每天创造的可能性，几乎没有公司或者产业感到特别兴奋。正如我在之前的章节里所陈述的，科技改变的"时代"周期正在缩短。所以，人们越来越难为更长的时期做好准备。因此，领导一家公司、一个部门甚至是自己的生活都变成了一种风险管理。

当我说我们需要用一种既现实又勇敢的方式来看待即将到来的科技时，我可能显得有点矛盾，但我很欣赏这一点。让我摊开说吧。公司需要拥抱商业的未来和社会的未来。如果它们不这么做，它们就会一败涂地。如果领导者不能适应变化的新节奏，那么我要质疑他们管理一家未来企业的有效性。改变即将到来（已经来了），我们需要调整，而且要快！

不管怎样，伴随改变而来的还有一种清新的方式，用来思考我们对待客户的方式。由于是最终用户支付我们所有的薪酬，所以，那些在客户服务方面失败的公司将会丢掉偏好自己品牌的客户，失去市场份额和股东，导致市值流失。这并不是一种推测，而是事实！这意味着，我们不能孤立地看待所有接触点，哪怕科技默认我们可以这么做。

总之，本书旨在呼吁再次赋予科技人性，以及将人与人之间的交流再次人性化。也许会有人冷嘲热讽地争论道：现在是最重要的人类文明化时期。工序可以外包，压力也可以外包，即使是智慧也可以被设计成印制电路板。但是，由来已久的理性、创造力、判断力和同理心会一直伴随我们。现在，轮到你和我，轮到我们所有人来培育一个更加人性化的世界。现在，我们可以支配很多不可思议的工具和更多的设备，它们唾手可得而且有着前所未有的深远含义。我们可以选择拥抱未知的力量、寻求创造自己的命运，也可以假装这么做，当然也可以躲起来。在这个世界，只有那些能最好地进行调整、适应的人才能够生存、参与和拥抱，以及自信地奋斗以达成更多可能。我知道自己会怎么做，我也希望其他人知道。我坚信，在数字达尔文主义时代，这种态度将会是最成功的。

参考文献

[1] Hurt，P（2013）

Never underestimate the power of a paint tube，*Smithsonian Magazine*，May issue，available from：https：//www.smithsonianmag.com/arts-culture/neverunderestimate–the–power–of–a–paint–tube–36637764/（参考日期：2017.12.6）

[2] Willshire，JV（2012）

Make things people want> Make people want things[blog]Smithery，12 January，available from：http：//smithery.com/making/make–things–people–want–make–people–want–things/（参考日期：2017.12.6）

[3] Tran，N（2015）

Peak–end theory：How correct is our memory？ [blog]Positive Psychology Program，19 February，available from：https：//positivepsychologyprogram.com/peak–end–theory/（参考日期：2017.12.6）